MW00943260

La Ciudad del Resplandor

RICARDO GARZA

Copyright © 2017 — Ricardo Garza
La Ciudad del Resplandor

Número de registro público de derechos de
autor: 03-2017-080412105100-01
ISBN (edición impresa): 978-1976415944

Todos los derechos reservados. Ninguna parte de esta publicación puede
ser reproducida, almacenada en un sistema de recuperación o transmitida
de ninguna forma ni por ningún medio (electrónico, mecánico, fotocopia,
grabación o cualquier otro), salvo en el caso de citas breves en revisiones
impresas, sin el permiso previo del editor.

Contenido

CAPÍTULO 1

Posibilidades Infinitas

La respiración de Aarón era poco profunda, inestable, como lo era el clima de su ciudad natal y donde residía en aquellos momentos. A veces amanecía fresco y soleado, perfecto para salir a caminar al aire libre, y al otro día gris y nublado, lluvioso, de aquellos días que despiertan melancolía, que invitan a evocar recuerdos, o a inventar historias o a crear obras de arte. Este era un día nublado. De aquellos... Sin embargo, desde hace varias semanas su sonrisa estaba desconcertada, insegura y no fluía de manera natural.

El tono de su voz era débil y muy bajo, y a ratos sentía una taquicardia que, aunque era leve, en momentos estaba latente y luego desaparecía. Esos síntomas los había empezado a sentir y no les había hecho caso. Tampoco decía nada a nadie. El sobrepeso que traía hace un tiempo y, desde que ya no acudía al gimnasio como antes tres veces por semana a su sesión de cardio y pesas, había también marcado un cambio importante en la vida de Aarón en su aspecto físico y emocional. Se le había ido la vida en un abrir y cerrar de ojos con las preocupaciones financieras, el crédito de la casa, los seguros médicos de toda la familia... Los gastos iban acrecentándose de manera desigual al salario mensual que obtenía y, a pesar de no contar con deudas importantes que cubrir, el pago mismo de tener ese inmueble como patrimonio familiar generaba en él una tensión importante. De por sí, siempre había sido una persona aprehensiva en general, más lo era ahora; le preocupaba mucho el futuro. La tensión hace que los músculos se vuelvan rígidos, sobre todo en el estómago, que se siente áspero como la cáscara de una manzana, que es tan dura que se siente en cualquier mordisco. Había disminuido su rendimiento conyugal con María Clara, su esposa, así como sus pláticas, sus conversaciones y gestos cariñosos, lo que había provocado un distanciamiento notable. María Clara por su lado, también lo resentía y estaba preocupada. Habían tenido un matrimonio estable por más de diez años y aunque siempre existen las subidas y bajadas, podían presumir de ser una pareja sólida y enamorada. Hacía pocos días, pocas semanas, pocos meses que sentía un hueco en el estómago, de aquellos que no sabes si sientes algún malestar del sistema digestivo, indigestión o simplemente un vacío.

Quizá era un conjunto de síntomas. Sin embargo, aquel mal no es del que curan los doctores, ni las tabletas compradas en la farmacia, ni las inyecciones, ni las citas con el gastroenterólogo, el cardiólogo o el curandero. Ningún especialista cura los males del corazón, ni siquiera un psiquiatra, por más afamado y reconocido que sea en la Asociación Internacional médica. Ese vacío era producto de una ansiedad encapsulada y acumulada por años, escondida, reprimida, con ganas que no salir al exterior, de no mostrar sus verdaderas razones, de estar dormida y no querer despertar hasta que de repente un día el cuerpo ya lo estaba exigiendo, lo demandaba, lo gritó desde dentro antes de pagar la factura. —Me duele el corazón, me duele el alma.

¿Será acaso el cardiólogo al que debo de acudir? ¿El psicólogo? ¿El psiquiatra? No, quizá es el gastroenterólogo, tengo acidez estomacal... Uno tarda en identificar los síntomas reales, quizá en aceptarlos o enfrentarlos. Para Aarón era difícil conocer la palabra depresión, pero evidentemente sabía que existía en el diccionario. Los síntomas en conjunto marcaban una situación depresiva, que ya era el momento de enfrentar. Pero ¿cómo? Gran pregunta.

Por su parte, en el mundo exterior, las calles eran un hervidero de ideas y zozobra, gentes que van y vienen, que inventan historias todos los días, como lo es el diario vivir. Pero para Aarón, ese día no era cualquier día. Ese martes en particular se sentía atrapado, como si estuviera en una especie de laberinto tergiversado y profundo. Pensó que las preocupaciones no lo dejarían nunca en paz, que tal vez no encontraría las respuestas a sus dudas, si no encontraba su paz interior.

Se percibía a sí mismo confundido, sin ninguna solución a sus problemas, no encontraba luz a su alrededor, como sumergido en un túnel obscuro sin salida, como si su mente estuviera completamente apagada, desconectada y no pudiera encontrar la claridad. Ni siquiera por encima de su cabeza distinguía nada, tampoco ordenaba la secuencia de sus ideas, solo llegaban como rayos de luz que estallaban internamente, dejando reflejos y chispas de manera aislada, pero sin poder conectarlos ente sí. Así es la incertidumbre, un conjunto de sensaciones e ideas sin rumbo ni dirección, de sabores amargos y dulces pero indescifrables, alegrías, tristezas, esperanzas y desilusiones. Todo y a la vez nada...

Su historia personal había estado llena de miedos e inseguridades. Desde su infancia sus padres habían ejercido una educación conservadora, como se decía comúnmente, "a la antigua", llena de amor y de atenciones, pero basada en el "deber ser", el "no se puede", "ni lo intentes", "estás mejor así", "para qué te buscas problemas", "todo pasa", "no hay mal que dure cien años" fueron las frases célebres que lo acompañaron en su diario vivir y crecer. Tales conceptos generaron límites claros y estructura en su niñez y en su vida adulta, así como disciplina, lo cual es muy positivo a lo largo de la vida, pero en Aaron parecían de pronto haberle acrecentado sus limitaciones y falta de seguridad en sí mismo. Todo esto había creado un efecto muy negativo en él, porque su punto de comparación y visión ante la vida era muy restringido, se veía a sí mismo como un ser limitado en muchos sentidos. Recordaba a su padre, ya fallecido, con su pelo encanecido y su piel arrugada, cuidando siempre de su madre y de la familia, con su deber autoritario de jefe de familia, hasta en los últimos momentos de su vida, aun cuando al final sus condiciones físicas ya no se lo permitían.

Sufrió de enfisema pulmonar y cáncer debido a sus muchos años de fumador activo. Desgraciadamente, la vejez cobra aquellos malos hábitos y descuidos del cuerpo y en él no hubo excepción. Murió a sus 63 años, feliz y acompañado de su familia. Recordó una de sus palabras que siempre le repetía al oído: —Hijo, debes de portarte muy bien siempre, sé un hombre cabal. Sé fuerte. Yo no lo fui.

—Nunca supe el porqué de su culpabilidad, ni tampoco quise saberlo. Y ahora ¿qué caso tendría? Lo importante es que siempre cuidó y trató bien a mi madre. Siempre escucho sus palabras y resuena en mi mente como aquellas ordenes que no podían modificarse ni eran negociables en la infancia y más en la edad madura: —Sé un protector, una fuerza para tomar decisiones y nunca te dejes vencer. A él lo venció solamente la enfermedad y la edad, él no podía dejarse vencer por nada.

Su madre siempre fue una mujer abnegada, dedicada a las labores del hogar y nunca a la vida profesional. Pero tenía unas cualidades que la hacían ser una mujer única: sabía escuchar y comprender siempre. Su alma femenina fue siempre un ancla en la vida de toda la familia.

Aun así, como que la tristeza no era un tema común en la familia, ni la ayuda de un terapeuta. —¿Tienes problemas?, pues resuélvelos mijo —decía. Y con una sonrisa y un beso en la mejilla le recordaba que la "tristeza" nunca fue ni un síntoma ni un tema permitido en la familia. Y finalmente, esa actitud de lucha para salir adelante era parte del deber ser, pero quedó instituido como un legado para todos.

Sin embargo, ahora se sentía estancado en su vida, con una visión muy primitiva acerca de sí mismo y quién podría ser en un futuro. ¿A alguien habría de transferirle la culpa, no? La chamba, el jefe, el cliente, la esposa, los hijos... Así empiezan los grandes cambios en las personas; primero surge el vacío interior, después como consecuencia, la búsqueda de las explicaciones, transferir la culpa a los demás, los padres, los hermanos, primos, la pareja o los amigos, —por ya no repetir a los anteriores—, hasta el vecino, la contaminación y el gobierno. Existen mil maneras de deprimirnos o de pretextos, antes de decidir optar por el camino de la introspección y el reencuentro consigo mismo.

Finalmente, dentro de la búsqueda del "yo mismo" se llega a la responsabilidad centrada en uno mismo, en asumirla con causas y efectos, claro, cuando realmente se desea trascender en el cambio. La vida hoy le ponía una encrucijada. Tendría que hacer algo para descubrir si esas ideas de sí mismo eran un espejo de la realidad, o una percepción falsa basada en los miedos.

La mente racional a veces no toma la decisión, el subconsciente es el que actúa más rápidamente. Empuja al cuerpo y a la mente a buscar respuestas de una manera o de otra. Hermoso es descubrir que muchas respuestas se encuentran dentro de nosotros mismos. Pero, quién podría tener la culpa de un hombre que simplemente se sentía cansado, o más bien agotado, en un bache, o un momento de transformación de vida. Quizá, tal vez, sentía que se estaba haciendo viejo... Y contra eso, ¿qué se puede hacer? Esta, mi vida de hoy, la rutina diaria, me está agotando, me tiene estático, con ganas de volar, pero sin saber cómo abrir las alas y hacia dónde retomar el rumbo.

A lo mejor es inseguridad, a lo mejor es mi zona de confort la que me tiene atado. Pero, ¿qué esto no es común en los seres humanos?

Una noche estaba junto a María Clara su esposa, sentado a un lado de la cama y llorando sin consuelo, deprimido y sin saber qué hacer ya que nada le había funcionado verdaderamente. Y, ¿cómo decirle a ella que se encontraba así? ¿Cómo aceptarlo ante sí mismo? ¿Tenemos derecho a sentirnos preocupados o simplemente deprimidos o sin rumbo? ¿No le habían enseñado a quedarse callado y respirar profundo? Que confuso sentimiento.

El cuerpo habla sin palabras y su esposa sabía cómo se sentía. ¿Acaso olvidó que la mujer lo intuye todo? Ella se paró junto a él —de manera cariñosa—y lo invitó a hincarse, y le murmuró al oído: —¿Qué te pasa amor? Acaso, ¿he fallado yo? Nos falta cercanía, momentos juntos, de pasión, de reírnos juntos, de disfrutar las salidas de los domingos, las idas al cine y a tomar tacos, una rica cerveza o vino, quizá llorar juntos, que me escuches cuando tengo problemas con los niños, con la persona de servicio, escuchar los avances de los niños, cómo van creciendo... tu mente está dispersa, en otro lado y yo ya estoy desesperada de sentirme sola.

Aun así, meditaron por más de una hora como lo practicaba María Clara en sus clases de yoga y meditación, rezaron juntos y pidieron un gran milagro para un cambio. Aarón pidió perdón y le dijo: —No sé qué hacer, no me siento bien. Rogaron juntos al infinito que una luz apareciera en el camino, y con la esperanza de su unión y fortaleza, se dieron un abrazo y se entregaron como hace tiempo no lo hacían. Después, ambos durmieron profundamente. Eran personas creyentes, en otros momentos la fe los había unido y sacado de algunos obstáculos, esta vez no sería la excepción...

La mañana siguiente Aarón, al querer abrir sus ojos, una intensa luz lo encandiló. Recordó haber pedido un rayo de luz, pero esta era demasiado fuerte. Poco a poco, fue abriendo sus ojos y se dio cuenta que no estaba recostado en su cama, ni en su casa, se encontraba acostado en la arena y sobre él había unas hojas enormes como de una palmera. Inmediatamente se levantó sorprendido y lo único que vio fueron árboles y plantas a su alrededor. Gritó el nombre de su esposa, buscándola, pero no obtuvo respuesta. Se levantó, corrió desesperado buscando a alguien que pudiera ayudarlo o al menos decirle dónde se encontraba, pero no había nadie. Mientras tanto, escuchó a lo lejos el sonido relajante del mar y se preguntó a sí mismo: —¿Qué hago aquí? Aceleró su paso con mucha preocupación de un lado al otro como jugando a las escondidas pero sin encontrar ni el escondite ni la salida y de pronto, detrás de unas grandes palmeras, observó una mayor extensión de playa, una playa realmente extensa y hermosa, con arena blanca y delgada, casi como polvo, de aquellas que no pican ni causan molestia a la planta de los pies en caso de estar descalzo, como lo estaba Aarón en esos momentos, y empezó a pisar con seguridad y a recorrerla sin rumbo de principio a fin hasta llegar a la orilla del mar, mojando sus pies en el agua.

El agua era pura y cristalina, fría pero no en exceso, además de poco profunda y podían verse algunos peces de colores, pero muy pequeños, que venían a la orilla y después se regresaban al mar como jugando alegremente entre ellos. —Es fresca— se dijo a sí mismo. —Sin lugar a dudas, es un lugar hermosísimo, esta playa es virgen y de aquellas que la naturaleza guarda para descubrir secretos, para que la mente nunca se agote, ni tampoco la belleza ni las adversidades, es un lugar encantador. Pero no para estar solo y sin comida, abandonado a la deriva y sin nadie con quien llorar o quejarme a mi lado. —Pero ¿pues dónde estoy?

Está bien que quería escaparme lejos y fugarme por instantes, pero ¿cómo diablos llegué hasta acá? Será un castigo, ¿acaso me porté mal? ¿me morí? Pensó de verdad que estaba muerto; se tocó a sí mismo a ver si estaba frío, rígido, si olía feo, apestaba a muerto o a vivo. Pero estaba a temperatura ambiente, una temperatura un poco cálida por el calor y el sudor que salía de su cuerpo, lo cual, eran signos de que permanecía vivo.

Se buscó sangre en alguna parte del cuerpo, como si hubiese tenido un accidente y estuviera ensangrentado, lastimado o herido, pero no mostró ninguna señal tampoco. Un lugar tan hermoso no podía ser más que una bendición y por ellos se dijo: —¿Esto será el más allá? Cuántas preguntas para un lugar tan hermoso.

Si es pesadilla, es la más hermosa que he vivido. Se dio cuenta que se encontraba en una pequeña isla. —Hermoso lugar, pero estoy aquí solo, sin mi familia, con pago de vacaciones extras, que a lo mejor ni me merezco. Enojado, y sintiendo una gran desesperación, le reclamó a Dios que ese no era el milagro que le había pedido. Ahora estoy peor, perdido en el vacío, en un lugar desconocido. ¿Qué voy a hacer aquí? Mi trabajo, mi cita de mañana con los ejecutivos, mi agenda, mi celular. Ahí no existía nada, la nada era a la vez todo.

Lentamente caminó hasta toparse con una de tantas palmeras, en donde se sentó a llorar y llorar, de esas lagrimas que se habían quedado almacenadas a lo mejor desde que era un niño.

Corrían y corrían sin poder parar. Salían de él no en forma de gotas sino como una fuente de agua, recordándole que existían los sentimientos también en el hombre, no solo en la mujer. Siempre había reprimido sus sentimientos y contenido sus emociones, por aquello de ser figura masculina. Y cuánto necesita un hombre también mostrar su sensibilidad, a veces llorar y sentirse y ser débil, porque la vulnerabilidad a veces demuestra mucha fuerza, pues uno es capaz de mostrarse tal cual es, y para ello se requiere mucho valor. Finalmente, después de un rato parecían las lágrimas haber secado y sintió que la calma y la serenidad llegaban a él. Al menos un poco.

—Al menos, pude desahogarme, cuánta tristeza existía dentro de mí. Llorar es una necesidad de expresión y de contacto con el mundo, a veces con otros seres humanos. ¿Por qué contenemos las lágrimas? Aarón estuvo ahí, quieto, inmóvil durante varias horas. No sabía qué pasaba, no sabía qué hacer y empezó a creer que pasaría el resto de su vida ahí solo, seguro de que en pocas semanas moriría en esa pequeña isla que aparentemente estaba totalmente deshabitada y sin comida. Mientras lloraba, su estómago empezaba a pedir alimento, rugía como león enjaulado y exigía algo de comer y beber.

Tomó agua salada del mar para beber y vio que al menos de sed no moriría. La cuestión es el hambre. Esos pescaditos tan hermosos, son pequeños y con unos colores tan brillantes que no podré comérmelos. Eran naranjas con manchas amarillas, otros negros, de aquellos que muerden y sientes cosquillas, eran insignificantes, pero preciosos a la vista. —Parece que estoy en la pecera más grande del mundo y no soy un pez tampoco. —Entonces, ¿qué soy ahora? ¿Un espectro, un ángel, un ser de luz o simplemente un ser humano abandonado? ¿Castigado? ¿En un hospital? ¿Un retiro de meditación? Sonaba a bendición más que castigo, o un sueño, pero bello porque parecía un resort en playa desértica, pero sin lujos.

La vida cambia por instantes, en un segundo estás aquí y luego en otro lugar, en otra forma y de otra manera, otra cara, otro cuerpo, ¿serán acaso lecciones para hacernos aprender? ¿La reencarnación? —Quién sabe si lo son, quién las dispone y además la razón para lo cual tenemos que vivirlas. Pero nos llegan. Como señales de vida que debemos de considerar y también aprender, porque si no aprendes, todo se repite y las tendrás de nuevo frente a ti. —Y ahora, ¿qué tendré que aprender? Tarde o temprano Aarón descubriría las señales y la misión que tendría que realizar para pasar la prueba del examen, aquella prueba de vida. Una más, una de tantas. Recordó una de las muchas películas que había visto en su infancia en donde había náufragos en islas desiertas que sobreviven a ver si se le ocurría algo interesante que lo ayudara a sobrevivir. Trató de no pensar en los caníbales que comen carne humana, en los sacrificios humanos, en los dioses, o los animales salvajes que podrían devorarlo.

Él nunca había estado en una isla desierta, ni en campamentos de verano, en los de boy scouts, en los que llevas tus tiendas de campaña, inventas baños detrás de palmeras y cocinas con leña o lo que salió de la pesca del día. Deseó haber ido a uno de ellos en algún momento de su vida, sabiendo que quizá hubiera aprendido herramientas para sobrevivir. Al menos cómo prender fuego, algo para taparse, cazar, pescar o lo que fuera, chiflar, defenderse de animales salvajes, hacer señales de humo, lo que fuera que fuese útil en casos de emergencia.

Éste era uno de ellos.

Tampoco sabía vivir siquiera en el campo, siempre había pasado su vida en la ciudad y poco salía al campo. Muy de vez en cuando, pero no lo suficiente para una situación como ésta. Recordó a los guardabosques que existen en los cuentos, sin saber si realmente existen en la vida real.

Sabía que, sí existen y trabajan en lugares boscosos, pero no cerca de una persona citadina que solo sabe sobrevivir al smog y el tráfico y los semáforos de la urbe. Nunca se consideró a sí mismo un alma aventurera y, a decir verdad, le temía a animales como serpientes venenosas, reptiles o hasta mamíferos.

Y eso era en tierra, en el mar ni se diga. ¿En qué era de la humanidad estaremos? No vayan a existir hasta dinosaurios por acá, cocodrilos gigantes que son tan peligrosos. En fin, cualquier especie podía vivir en esa isla. Por ende, no sabría cómo sobrevivir ahí sin ser un salvaje. Era un problema o un reto realmente mayor de lo su mente pudiera siquiera imaginar.

No sabía ni siquiera pescar ni comer pescado crudo. —Odio el pescado crudo, tendré que cocerlo, y ¿cómo? – preguntó su mente.

Recordó que María Clara cocinaba un rico pescado, con su jitomatito, a la veracruzana, al mojo de ajo, empanizado y con limoncito como a él le gustaba, en su punto, y sintió ganas de llorar nuevamente.

Gritó: —María Claraaaaaaaa, ¿Dónde estássssssss? Nadie contestó, solo la voz del silencio. También recordó a su mamá, tan linda y con su figura tan pequeña pero a la vez tan grande, tan antojadiza, siempre consintiendo a todos con sus ricos platillos: —Mijo, ¿cuándo vienes a comerte unos ricos tamalitos? ¿Menudito de mi tierra? También guisaba un rico pescado empapelado y lo acompañaba de frijoles y arroz, que claro, ahí sería imposible encontrar. Seguía pensando e imaginando lo que tendría que comer en ese lugar desértico y tropical a la vez... —Pescado al coco... ja ja, sonrió, eso sí se podría, o con plátanos. Pero sin sal ni pimienta, sin ninguna especie, sería algo espantoso. Eso si se veía a lo lejos que existiría en ese lugar. —¡Agüita de coco, que está muy buena! Recordó una canción y al menos se dio cuenta de que no había perdido su buen humor. Entonces sí estoy vivo, eso es lo mío, mi humor negro. Sonrió por unos instantes y se dio cuenta que había algunas frutas a lo lejos, así como plantas que quizá le servirían para rellenar el estómago y alimentarse mejor. —Seré vegetariano, además, si no me queda de otra. —Si en los accidentes aéreos, los sobrevivientes que habían caído en tierra habían sobrevivido por días, los sobrevivientes de los Andes en meras montañas y en medio de la nieve, y los náufragos en islas, habían encontrado comida y hasta fabricado casas y cobijas, cualquiera con un poco de ingenio y ganas de estar vivo podría hacerlo. —Espero, se dijo a sí mismo Aarón. —Soy amateur, principiante, aprendiz solitario en esta isla desierta, pero finalmente, un gran luchador invencible. Eso seré...

Sonaba tan sencillo y poco elocuente, que en un principio ni Aaron se lo creía. La verdad es que quería evadir un poco el miedo tan terrible que sentía.

No contaba, como en las películas, con víveres o restos de los barcos, cerillos, madera para hacer fogata, algo para cubrirse, no tenía absolutamente nada, estaba completamente virgen, al desnudo. Ligero, podía deslizarse, caminar fresco, pero estar al desnudo no es la costumbre para un citadino. Tampoco para un hombre manejado por "las buenas costumbres".

Aunque su paso era ligero y libre, pues nadie podía verlo, también se sentía como si se hubiese convertido en un animal salvaje, y también terminaría por comerse a otros animales de la misma especie, eso si antes no se lo comían a él. Se imaginó qué animales encontraría a su paso, pues lo único que había visto a lo lejos era una víbora que se deslizó cerca de su cuerpo ya que hizo ruido al moverse. Era mediana y de color verde y café, no era hermosa como otras especies de víboras, pero la simple duda de si fuese peligrosa por sus ataques venenosos, lo hizo estremecerse. Se preguntó si estaría repleto de ellas, si respetasen a los extraños que llegaban accidentalmente a su hábitat natural o lo atacarían sin piedad. —Ojalá se alimenten de reptiles pequeños o arañas o quizá moscos— pensó. Pero quién lo podría asegurar. Lo cierto es que los animales por más pequeños, medianos o grandes que sean sí asustan, más cuando uno no sabe cómo defenderse.

Pasó el día entero caminando para descubrir los rincones y los secretos de la isla, sin comer nada absolutamente más que unos cocos que pudo abrir con unas varas duras que tiró un árbol. Algunas plantas que le recordaron unas hortalizas verdes, imaginando que era una ensalada verde, con lechugas y espinacas para vencer el hambre hasta que llegó la noche... Fue entonces cuando pudo contemplar la inmensidad de la noche. No sería la primera noche cuando disfrutaría del cielo estrellado y la grandeza de una noche clara, pues aun los ruidos de los grillos y algunos animales, el viento y los movimientos de las ramas lo tendrían alerta por si se tratase de un animal, una fiera, o alguien que quisiese rescatarlo.

Todo podría suceder en ese lugar tan lejano, había que estar despierto, consciente de lo que sucedía a su alrededor y, sobre todo, empezar a vibrar el lugar, sus olores, sus ruidos, sus colores, el color de mar por si desease cambiar de un momento a otro, las temperaturas, los cambios repentinos de la naturaleza y todo lo que estaba fuera de su control.

Vencido por la debilidad y el agotamiento físico y mental, cayó rendido en unas ramas que se encontró y durmió profundamente hasta el día siguiente. Quiso olvidar la creencia de que pronto moriría. Y así amaneció al día siguiente. Sin reloj alguno que le marcara la hora, podía sentir simplemente que el amanecer llegaba y la aparición hermosa del sol despedía con respeto a la luna menguante de la noche, iluminaba poco a poco el lugar de manera resplandeciente, y todo se volvía a encender con luz de manera serena.

Pudo observar la quietud y el color del mar azul claro y notar la hermosura de sus colores, de la naturaleza divina que Dios nos ha regalado en este mundo. Nunca había dormido así, al aire libre y con vistas al cielo y tan cercano al mar. Amanecer de esa manera era, sin duda, una experiencia ya única en su vida, aquella que compartiría a sus seres queridos en cuanto le fuese posible.

Los pájaros entonaban una gran melodía, aquella que necesitaba su corazón para serenarse y acompañar su soledad, recordándole al oído que no estamos solos, que formamos parte de la naturaleza y somos seres pequeños y frágiles ante ella, pues somos parte de la misma.

Un átomo, un pequeño extracto de energía en forma de cuerpo material dotado de alma que conforman el universo.

Saludé a DIOS, sentí que seguramente estaba ahí conmigo, acompañándome, sentado en una roca, burlándose de mi por mis inseguridades y flaquezas. O a lo mejor abrazándome, acompañándome y al lado de mi para apoyarme y encontrar mi camino de regreso. Por unos instantes me sentí tan cerca de él como nunca lo había sentido en mi vida, pude decirle tantas y tantas cosas. El amor que le tengo a mi familia, a María Clara, aunque en algunos momentos pensé que nuestra relación se había terminado y sobre todo cuando tuve esa deuda económica en donde no podía salir adelante para generar ingresos y llevar el pan de cada día a la mesa de nuestro hogar. Recuerdo su rostro de impotencia y enojo pues sabía que yo pude haber hecho algo para evitar esa situación tan incómoda por la que estábamos pasando. Por algún momento pensé que me dejaría y que no querría volver más a mi lado. Sin embargo ella se mantuvo firme, como un roble a mi lado solo apoyándome y haciéndome saber que estaba ahí. Con su fuerza y fortaleza me hacía a mi más fuerte y más capaz de salir adelante. No sé como pudo ella soportar tanto sufrimiento, y que a pesar de eso ella siguiera a mi lado como si nada hubiese pasado. Grande es su corazón y su espíritu que le permitieron ayudarme a mí a salir de esos momentos tan difíciles y tan demandantes.

Pero me pregunto, en el mundo humano, lejos de esta isla, cuántas veces al día ocurren estos errores en la vida diaria y cómo le hace la gente para salvarse y retomar su camino, no caer, ser fuerte, íntegro y respetar a la pareja como se debe. Esos momentos María Clara realmente confirmó lo que un día me dijo frente al altar —Prometo serte fiel en lo próspero y en lo adverso, en la salud y en la enfermedad y respetarte todos los días de mi vida— se dijo a sí mismo, pensando en su esposa y sus hijos.

Si regreso a casa, le daré amor hasta morirme, la besaré desde la uña del pie hasta la cabeza y la abrazaré todos y cada uno de mis días. Tal y como ella merece. Buenos días señor sol.

Y así empezaba otro día, sería un día de muchos altibajos, de emociones encontradas, de lucha, de no rendirse, de tantas cosas a la vez...

Seguía recorriendo lugar por lugar, de un extremo hasta el otro, y se dio cuenta que no era una isla realmente grande, no había rastros de vida humana ahí, ni de caníbales, ni vio huesos ni cráneos ni esqueletos, más que de algún mamífero que se encontró por ahí, pero que había sido devorado por otro animal. Del otro lado la playa se extendía más, pero notó que el viento era menos fuerte de ese lado, por lo que era mejor establecerse allí y construir un pequeño albergue, cerca de un punto alto de la isla, para no perder de vista en el horizonte la presencia de algún barco a lo lejos, la posibilidad de mandarles señales de vida y que llegaran a la costa.

Así juntó varas de árboles y muchas ramas y las fue colocando en un lugar debajo de varias palmeras. Ese lugar sería mientras su casa, su recinto de paz hasta ser rescatado. Después encontró una cueva, entró y vio que también podía ser un lugar seguro para esconderse, en caso necesario, de algún peligro. Se estableció ahí, cerca de la cueva y se sintió temporalmente a salvo.

Aquí no entrarán los animales o fieras, aquí me guardo en caso de temporales y si hace mucho calor, también puedo cubrirme. La cueva representó un buen refugio seguro, solo faltaba hacerle una puerta.

Trabajó todo el día con los troncos y los cubrió de hojas y a su manera pudo enredarlos en la madera y formar una puerta que se cerraba y abría un poco con el viento, pero para ser un intento de puerta, serviría. Después encontraría algo mejor y construiría algo más sólido. Pero quizá ya no llegaría ese día. Quizá solo serían recuerdos, recuerdos de ayer. —Ojalá— se dijo.

Llegó nuevamente la noche, cansado se imaginó cómo serán sus días, envuelto en una rutina, caminando todo el día sin tener nada que hacer, ninguna actividad laboral, preocupaciones de dinero, de cómo ganarlo o perderlo, comiendo lo mismo como un animal de la selva, sin reloj, sin horario. Cómo podía uno vivir así, tan libre y dependiendo solo del día y la noche, de la luz y la obscuridad, del calor y el frío, de la lluvia y la sequía, de los olores, los colores y todo lo que alimenta los sentidos.

Ahora lo único que tenía seguro era una cueva, se imaginó que sería su hogar por mientras. Su seguridad era una cueva, lo único que tenía hasta el momento.

Pasaron varios días, entre caminar, y recorrer toda la isla en busca de alimento y un lugar, más lugares, donde podría sentirse seguro.

Todos los días se paseaba, recorriendo la costa de un lado al otro, ambas playas, esperando un milagro. Encontró cocos que podía abrir con algunas ramas resistentes, mangos y plátanos. También jitomates, por lo que pensó que quizá alguien más habría pasado por allí. Pero, ¿adónde se había ido? Alguien había sembrado alguna vez por allí. Entonces, sí existía vida en esa isla. Al menos rastros de humanos, quizá encontraría entonces un bote. Tenía que seguir buscando...

Por segundos, su desesperación se aceleraba y decidía gritar pidiendo ayuda, en otros momentos encontró también seres imaginarios que le indicaban por donde sería el camino, otros que lo acompañaban. La imaginación y la desesperación te lleva a imaginarte tantas cosas, que después pierdes hasta el sentido de la realidad y ya no sabes qué es cierto y qué es fantasía. Así era su ansia, a veces no sabía si se le aparecían personas o animales que le hablaban o era solo su imaginación; algunos animales a su paso eran changos y mapaches que se acababan los plátanos de la zona, otros que vio parecían pumas o algo parecido, pero los consideró inofensivos, hacían pequeños ruidos y lo hacían sentirse parte del hábitat natural. Había también conejos y ardillas, mismas que pensó que podían ser comestibles, solo tenía que hacer algunas trampas para que cayeran y pudieran quedar atrapados.

Esa sería una cacería segura de animales.

De repente oyó unos ladridos y se le hizo muy peculiar, como si existiesen uno o varios perros en el lugar. Apareció sorpresivamente un perro de montaña, ¿sería que alguien lo abandonó en ese lugar? ¿Llegaría en algún barco y murió su dueño? Era un perro de raza color café rojizo como los irlandeses de montaña y cazador, pero que había perdido ya mucho pelo y la cabellera restante estaba ya desgastada, sin embargo, era un canino realmente hermoso.

Aarón le llamo: —Ven perro, ¿qué haces tú tan hermoso en una isla? ¿Eres feliz aquí? El perro se acercó con gesto amistoso y se sentó a su lado. Parece que también se sentía solo en aquel lugar y, desde aquel momento se convirtió en su sombra y su mejor amigo. Se encontraron dos almas solitarias. Ya tengo con quien compartir mi cueva, mi comida y mis ratos hasta irme de este lugar.

Te nombro de hoy en adelante "Tom", mi guardián. Tom parece que también era un alma con necesidad de cariño y en busca de un dueño. Supo que lo acompañaría hasta el último momento. Recordó a ese perro de niño que murió atropellado y arrastrado por un camión cuando escapó de casa. Había sido un regalo de parte de su abuelo cuando cumplió ocho años.

Se llamaba "Tom", su padre le ayudó a encontrarle un nombre bonito. Tom era un lindo pastor alemán, inteligente y fiel hasta la muerte. Lo acompañaba cuando lo llevaban a la escuela, que quedaba caminando desde casa y también lo llevaban a recogerlo de la misma. Fue su gran compañía hasta el día que murió y le costó mucho trabajo reponerse de esa perdida.

¿Cómo había encontrado a un "Tom" en esa isla? Aunque era diferente de aspecto y colorido, para el representó una guía, una compañía y un miembro de su familia. Ahora eran ya dos, Tom lo llevaría a todos los lugares de la isla, lo defendería de los salvajes y además le daría todo su cariño. —Ojalá pudieses hablar y decirme cuántos días llevas aquí, como yo, si has sufrido y pasado hambre, si te abandonaron o te perdiste. No importa Tom, nos encontramos. Abrazó al perro como si fuera un hijo. —Algún día te llevaré a casa con los míos, ya verás. Había sentido dentro de los momentos de angustia unos instantes de amor y esperanza, obviamente el perro simbolizó para él un anhelo de vida.

Cada noche al dormir esperaba que la pesadilla del momento terminara y pudiera volver a estar junto a su familia. Parecía pasarla bien durante el día caminando y recorriendo la isla con su acompañante, pero con muchas inquietudes por hacer y resolver. La esperanza de volver a verlos y abrazarlos al amanecer lo mantenía vivo.

Su amanecer comenzaba rezando, agradeciendo estar vivo, meditando lo bonito que era la naturaleza, antes de que salieran a buscar algo para desayunar.

El agua de coco era muy refrescante para ambos, una fruta fresca y dulce para empezar el día. Descubrieron que había zarzamoras en otro lugar de la isla, o sea que nuevamente, confirmó la presencia humana de algún agricultor en el lugar.

Agradeció y decidió empezar a sembrar más jitomates y zarzamoras en otro lugar cercano a su cueva, hasta llegar a tener una hortaliza propia, por si apareciera un dueño, nadie le reclamaría y él sería terrateniente de su propio espacio.

Así empezó a sembrar y sembrar, pensando que encontraría más cosas hasta formar una gran hortaliza. —Qué suerte la mía, que tal que me encuentro frambuesas y fresas en algún lado, ya será un paraíso tropical el mío. Otro motivo más para trabajar.

Pero pensaba en su familia a cada instante, como se sentirían sin él, quería pedirles perdón por haberse ido y haberlos abandonado. Quién sabe si él lo decidió o alguien más, pero lo cierto es que ya no estaba ahí en casa... ¿Quién estaría preparando el desayuno... la gasolina, el dinero para la comida? Las cosas más simples y cotidianas venían a su mente.

Estaba estancado en esa isla sin poder salir de ahí, intentando sobrevivir mientras, lleno a veces de miedo por el día y más por la noche pues todo lo que escuchaba era el viento, el mar y sonidos de animales por todos lados. Y quién sabe qué tipo de animales salvajes vivían ahí. Lo único cierto es que su perro lo cuidaba, quién sabe que haría sin él. Pasaban los días, las noches y el simplemente intentaba vivir el día a día.

Tom era un gran cazador de animales como conejos, ranas y peces. Aarón también pudo fabricar unas trampas y hoyos donde caían los animales y los podían cocinar con el fuego que había logrado crear. Ya sabía cazar y pescar en la orilla del mar para sobrevivir, como el hombre primitivo al inicio de la humanidad.

Una víctima servía para dos días y ambos compartían refugio y alimento.

Uno de muchos días despertó y no encontró al perro junto a él. Le gritó y le gritó y no aparecía.

—Tom, Tom, ¿dónde estás? Gritaba con gran desesperación, sin respuesta. Y todo el día sin parar recorría la isla de un lado al otro esperando verlo en cualquier momento. Tuvo que pescar, cocinarse y parar a descansar, con un ansia terrible y sensación de abandono. No sabía si él había decidido abandonarlo, si lo atacó un animal o estaría perdido. Pero se sentía terriblemente triste.

Mientras reposaba en la playa, recordó cuando de niño se sintió abandonado por su mejor amigo. Tenían 9 años y casi podía decirse que era su único amigo en la escuela. Aarón era muy tímido al igual que Felipe, aquel niño de origen colombiano que llegó a vivir a la ciudad con sus padres y, como era foráneo, tampoco tenía amigos. Como eran dos almas solas, se encontraron y se entendieron perfectamente.

Felipe era hijo único. Jugaban en la escuela y también casi todas las tardes. Se defendían de niños pandilleros del barrio que los molestaban y habían intentado atacarlos. Pero ambos hacían fuerza y ya no era tan fácil luchar contra ellos. Un buen día, Aarón llegó al colegio y la banca de Felipe estaba vacía. Solo había dejado una carta de despedida, diciendo que sus papás habían tenido que marcharse del país y tenía que irse.

Así fue la despedida de su mejor amigo. Lamentablemente recordó esa sensación de abandono, se enojó amargamente con la vida por quitarle a su mejor amigo, Lloraba a escondidas en los recreos, no quería jugar y se sentía inseguro sin la presencia de Felipe.

El tiempo sana las heridas y poco a poco lo fue superando, pero esa sensación de abandono era casi igual a la que sentía cuando murió su perro de niño y hoy, la desaparición de Tom, su único amigo en la isla. Continuó la búsqueda hasta llegar el anochecer, pero no apareció Tom ni regresó a la cueva, a su nuevo hogar.

Aarón estaba destrozado, sentía que ya no le iba a ser posible seguir su camino. Tom era su fuerza, tenía a quien cuidar y viceversa, con quien hablar y decirle sus sentimientos. Cayó rendido esperando que el perro regresara solo. Pero no fue así.

A la mañana siguiente, siguió en la búsqueda del perro. Una y otra vez los gritos circulaban por toda la isla. Otro día completo y nada. La tristeza se adueñaba de Aarón. Empezó a llorar amargamente. Y se dijo:

—De verdad, ya basta. ¿Por qué me quitan a mi mejor amigo? Él era todo lo que yo tenía. Aarón —sin duda alguna— se había reencontrado con su niño interior y así, lloró y lloró como un niño. —Tommmmmmmm....

Regresa.

Al tercer día, Aarón caminaba en una zona donde había dejado trampas de cacería para animales y oyó unos quejidos. Decidió acercarse. Tom estaba ahí, vivo, atrapado en una de las trampas sin poder moverse. Estaba muy débil después de no comer ni beber agua en casi tres días.

Se estaba deshidratando.

Aarón lo rescató como pudo y lo llevó cargando hasta la orilla de la playa, le fue dando agua poco a poco para recuperarlo, pescó unos cangrejos y un pescado para Tom y le fue dando poco a poco de comer. Lo cuidó hasta que el perro lentamente se fue recuperando y recobrando sus fuerzas. Paulatinamente el perro regresó a ser lo que era y Aarón decidió que tenía ahora que cuidarlo más y no dejar que anduviese solo. Empezó a educarlo, a que no podía irse sin su dueño y solo caminar junto a él.

Y así, el perro poco a poco fue aprendiendo las lecciones.

Un día mientras caminaban se apareció un lobo salvaje. El lobo mostraba sus dientes afilados, deseaba atacar a Aarón. Por más que intentaba evitarlo, no pudo, quería por todos los medios evadirlo, pero este insistía en morder, en descargar su ira en contra de quien tenía enfrente. Tom se metió a pelear con el lobo a mordiscos y arañazos, y aunque el lobo alcanzó a herir al perro en una pata, Tom logró salvarle la vida a su dueño, mordiéndole el pescuezo al lobo. Con agilidad Aarón le enterró una daga que había hecho de madera de un tronco, dejando al lobo muerto ahí mismo. Esa fue una batalla terrible, pero ahí recordó lo que es la solidaridad, la lealtad hacia un amigo y lo que hace el trabajo en equipo.

Tener a ese perro era un milagro que Dios le había regalado mientras regresaba a su casa. Eran guerreros que desafiaban el destino, el destino que marcaría ese regreso y la lucha por sobrevivir. Finalmente, la vida es sobrevivencia, vivir, sobrevivir y morir.

Habían pasado ya varias semanas, incluso meses, hasta que una noche, estando en la parte más alta de la isla, en la cima de una montaña, sentado junto a Tom y reflexionando, agradeció a Dios por su compañía y pudo sentir su presencia.

Pero al mismo tiempo, reconoció su situación de desesperación y su soledad sin su familia, cuando de pronto, a lo lejos creyó ver un resplandor de luz.

Se levantó de golpe y miró fijamente al horizonte, pero era una noche nublada por lo que no pudo saber si lo que le pareció ver fue lo que él pensó, o simplemente el sol que se postraba del otro lado del mundo. Al día siguiente por la tarde volvió al mismo lugar para observar si había algo en el horizonte. Bajó el sol, cayó la tarde y unas horas más tarde logró ver nuevamente el mismo resplandor de luz que había visto la noche anterior, esta vez el cielo estaba totalmente despejado, se veían las estrellas de manera espectacular.

Entonces confirmó que era el resplandor de una ciudad cercana a la isla. Inmediatamente gritó de alegría, saltaba y saltaba porque pensó que pronto algún barco podría pasar cerca y los rescatarían, era el momento más feliz de su vida. Sentía como si hubiera vuelto a nacer y el miedo de morir en esa isla se aminoraba.

Empezó a dar de gritos y su perro de ladridos: — Lo lograremos, ya verás, regresaremos.

A partir de ese momento todo cambió, ahora creía que sí sería posible salir de ahí, salir de esa isla que lo tenía secuestrado. Había llegado a pensar que esa isla fuese una cárcel y él era un reo, que pudiese ser un esquizofrénico y solo se imaginara tales acontecimientos. —Espero que no sea un sueño, que de verdad esa luz sea real, que sea nuestro billete de regreso. Podría llegar a su familia y abrazarlos muy fuerte, decirles cuánto los quería y que eran lo más importante en su vida. Que supieran donde había estado y lo que había aprendido y sufrido, pero también valorado.

A la mañana siguiente se levantó muy temprano y fue rumbo a la costa que daba hacia ese resplandor de luz. Con piedras grandes que fue juntando de las orillas de un río, formó las letras SOS, hizo una fogata grande con leña de los árboles y esperó a ver si pasaba algún barco cerca y viendo sus señales de humo lo veían y lo rescataban.

Aarón estaba muy entusiasmado creyendo que pronto estaría en un barco rumbo a la ciudad del resplandor. Sin embargo, después de varios días, su entusiasmo fue disminuyendo pues nada aparecía, por más que miraba rumbo al mar no veía nada. Pasaba los días enteros contemplando el mar, esperando una respuesta. Tenía que llegar, él lo había soñado y los sueños sí que se cumplen.

Todas las noches subía a la montaña a mirar ese resplandor, soñaba, anhelando poder estar en esa ciudad pronto. Llegando ahí buscaría la forma de contactar a su familia, alguien que lo ayudara para hacer una llamada a su casa y que pudieran ir por él. Pero pasaban los días y nada aparecía que pudiera rescatarlo.

CAPÍTULO 2

¿Para qué salir de aquí?

Una noche mientras dormía, soñó que regresaba a su hogar, veía a su esposa e hijos muy tristes. Quiso abrazarlos a cada uno de ellos sin éxito. Era como un fantasma, no podía abrazarlos, pero veía y sentía todo lo que estaba pasando. Ellos no podían verlo a él, a pesar de que gritaba y gritaba para que lo escucharan. Era imposible, no podía comunicarse con ellos. Estando ahí veía a su familia muy triste, todo había cambiado, no había sonrisas como antes, sus caras eran de tristeza y desconsuelo. No estar físicamente y hablar con ellos era lo más triste que había vivido en su vida. —Aún no estoy listo para emprender mi viaje, para desprenderme de lo que más quiero en la vida. Quién decide cuándo se va una persona, o cuándo cambia de estado físico a espiritual, él solo sabía que aún no era su momento. Lo percibía y lo deseaba desde dentro.

Su mente viajaba a través del tiempo y el espacio y podía recorrer su casa en el sueño, se dio cuenta que en la entrada, sobre una pequeña mesa que él había comprado algunos años atrás, había una foto suya con una veladora grande. Esa misma veladora que siempre prendían cuando le pedían a Dios su apoyo y un milagro.

Ahora sabía por qué su familia estaba tan triste, lo extrañaban mucho y no sabían qué le había pasado. Había desaparecido. Por las noches su familia se reunía para rezar y pedir que su padre y esposo regresara o apareciera. Aprovechó esa noche cuando todos estaban rezando y llorando para gritar con todas sus fuerzas, gritó el nombre de cada uno de sus hijos y el de María Clara, pero nuevamente fue imposible comunicarse con ellos. Mientras gritaba, se despertó de golpe con el pulso acelerado, estaba ahí en la cima de la montaña llorando y ahora con una razón muy grande para regresar. Sentía taquicardia, y pensó: —Que no me vaya a dar un ataque al corazón, Dios protégeme, tengo que regresar a casa de una manera u otra.

Su familia lo necesitaba y pedía diariamente por él. En ese momento él se puso de pie, miró el resplandor de luz y bajó rápidamente. Era una noche obscura, la luna estaba en su fase menos intensa, pero a pesar de eso él llegó a la orilla del mar, agarró leña que tenía ya lista y prendió una enorme fogata, aún más grande que la que había hecho antes. Después de eso se fue a recorrer la isla y encendió una fogata en cada lado de la isla para incrementar las posibilidades de que lo vieran y pudieran rescatarlo.

Ver a su familia así, de esa manera como los vio, lo hizo reflexionar y querer hacer hasta lo imposible para que lo encontraran. Se dedicó a prepararse con más leña y a practicar las señales de humo para el momento preciso que lo pudieran ver a la distancia. Tenía razones muy fuertes para regresar, por eso intentó de todo. Logró hacer una especie de bandera con las hojas de una palmera y varias ramas secas que permitían ondearla. Sin embargo, por más que hacía, seguía esperando y nada pasaba.

Se pasaba los días y las noches buscando leña y llevándola hacia las fogatas para que estas no se apagaran en ningún momento. Fueron días muy cansados, de mucho trabajo, estaba realmente exhausto, pero quería con todas sus fuerzas regresar con su familia, y eso le daba la fuerza necesaria para seguir con su labor y evitar que se apagaran las fogatas. Se cuestionó si la pura repetición de hábitos le daría algún resultado o había que cambiar la estrategia y el lugar de la fogata y hacerla aún más grande y vistosa.

Una mañana, al cortar leña para llevarla a la fogata más grande, levantó su mirada y a lo lejos vio un enorme barco negro con rojo, de esos que transportan cajas enormes con materiales y productos desde otras partes del mundo. Inmediatamente aventó el leño que traía en las manos y comenzó a correr rumbo a la costa que estaba frente al enorme barco. Corrió, gritó, echó más leña a la fogata, estaba feliz, esta era su oportunidad y no podía desaprovecharla. Ondeo su ¨bandera¨, hizo señales de humo desesperado, como cuando un perro ve a su dueño después de varios días. Estaba muy acelerado, seguía gritando, agitaba sus manos desesperado, mientras el enorme barco se alejaba más y más de la costa.

—Lo ves Tom— le dijo a su perro. Se fue el barco y ahora, ¿qué hacemos? El perro hubiera querido contestarle, pero solo le lamía la cara con cariño. —Tendremos que buscar otra oportunidad, quizá pasen más y más barcos de ahora en adelante. Pero ¿cómo lograr que nos vean? ¿Será la luz, el color, el grosor de la fogata? ¿Cuál será la clave para llamar la atención de los marinos? ¿Gritar más alto? ¿Con más profundidad?

A veces pienso que haga lo que haga, nadie me verá, que estoy muerto en vida, perdido y no lo quiero aceptar. Y si se tratase de unos piratas, como sabemos que ya no existen en la vida real y me toman de su esclavo y nos llevan para trabajar para ellos o nos llevan muy lejos sin regreso…. Tantos miedos, tantas dudas que iban saliendo en el camino, tantos obstáculos que habría que vencer.

La esperanza se desvanecía para Aarón, quien tenía tanta prisa de abandonar la isla. El barco lentamente se hacía más pequeño a medida que avanzaba y a los pocos minutos desapareció por completo de la vista de Aarón. Se soltó llorando, todo lo que había hecho no había funcionado. Tanto esfuerzo en vano. Lloró de desesperación, volvió a poner todo en orden esperando nuevamente otra oportunidad, pues no se daría por vencido, su familia lo esperaba y era una gran razón para seguir luchando y esperando una nueva oportunidad. Sabía que tarde o temprano lo lograría, lo decretó y lo deseó en sueños con todo el amor que llevaba adentro.

En la tarde, una voz le habló al oído: —No temas, sí volverás a tu casa cuando sea el momento. Seguramente, vio a Dios o a un ángel cercano a él mismo. —Déjame verte— le pidió Aarón. De repente, una sombra blanca se movió el en aire, era rápida, solo un conjunto de luz que se movía, no un ángel como en los cuentos con túnica y cara, pero era tan fuerte su energía, que sabía que no era mortal.

—Ten fe Aarón, esa fe te guiará. Solo el amor y la fe te harán llegar hacia dónde quieres llegar. Déjate llevar por la luz. ¿Sabes que eres una fuente inagotable de amor? ¿Sabes que estás aquí para cumplir una misión antes de regresar? Tu decidiste venir hasta acá, decidiste viajar a través del tiempo para lograr una evolución mayor en tu espíritu. Necesitabas despertar, descubrir lo que hay en ti para después compartirlo con tus seres queridos. Estaremos contigo en cada segundo, aunque pases más batallas de las que puedas imaginarte en esta aventura, nunca estarás solo.

Confía.

Aquella luz se desvaneció. Se retiró de su vista. Pasarían muchos días para que Aarón entendiera y asimilara el sentido de las palabras. Era demasiada información en tan poco tiempo.

Lo importante era no perder la fe. Es la que mueve montañas y mucho más. Sintió que lo único que lo regresaría era el valor y creer que lo lograría. Entonces decidió volver a armar una ¨bandera¨ más grande, mucho más grande y colocarla en el lugar donde la tenía antes de que pasara el barco y acomodó todo nuevamente esperando una nueva oportunidad. Debía estar alerta las 24 horas o lo que fuese posible sin descansar para esperar la llegada de un barco.

Se dijo a sí mismo que seguiría intentando y creyendo que pronto saldría de ahí para abrazar fuertemente a sus hijos y su esposa.

Pero la vida juega trampas, y ya no veía venir otro barco. Y así pasaron los días y los días y los días...

CAPÍTULO 3

Hacia dónde estoy volteando

Varios días después, Aarón estaba muy triste y enojado con Dios – a pesar de la presencia del ángel— porque él había hecho todo lo que podía para que un barco lo viera y lo rescatara. Decretaba y decretaba, soñaba, rezaba y pedía y no recibía ninguna respuesta. No obtenía el apoyo que esperaba, Dios no le había enviado más barcos para salvarlo y sacarlo de esa isla. De qué le servía aquel ángel, era el timonel de un barco lo que necesitaba para salir de ahí. —Que me preste sus alas. O me lleve volando a mi destino, claro con todo y Tom, yo no puedo dejarlo acá solito en la adversidad.

Mientras recriminaba a Dios en la orilla de un pequeño río donde se estaba lavando la cara, un aire muy fuerte de pronto sopló e hizo volar muchísimas ramas y tierra junto con la ¨bandera¨ que había hecho de hojas de palma. Se levantó de inmediato y fue corriendo a rescatarla para evitar que esta llegara al mar. A pesar del esfuerzo que hizo y de correr tan rápido como pudo, la ¨bandera¨ cayó en la espuma blanca que desprenden las pequeñas olas.

Corrió detrás de ella, la "bandera" dejó la orilla de la playa y comenzó a adentrarse en el océano. Aarón corrió de prisa para intentar recuperarla, después tuvo que nadar con fuerza detrás de ella, pero la corriente la alejaba cada vez más y más.

<< *regresa o moriremos* >> le advirtió.

Estaba casi completamente consumido, en la pierna derecha sintió un calambre, por instantes dejó de sentir parte de su cuerpo, era un momento álgido y complicado que lo sumergió en dudas y desesperanzas. Mas no cedió, siguió impulsando su cuerpo como pudo, hizo un último esfuerzo con la reserva de energía que le quedaba y finalmente logró alcanzarla.

Como la "bandera" flotaba, subió la mitad de su cuerpo en ella para descansar un poco y ésta aguantó su peso sin hundirse, Aarón pudo empezar a patalear poco a poco para regresar a la orilla de la playa y ponerla nuevamente en su lugar. Mientras pataleaba, de pronto sintió un calambre ahora en su pierna izquierda, gritó del dolor y dejó de patalear, utilizó la ¨bandera¨ como un flotador por varios minutos mientras se recuperaba. Después de sentir un poco de fuerza y haber descansado, siguió su camino hacia la playa. Salió caminando lentamente y llevó la ¨bandera¨ hasta su lugar, pues la tenía puesta sobre un tronco alto que había conseguido de un árbol que había caído y la puso junto a las olas para que fuera más visible para los barcos.

Cuando estaba poniéndola en su lugar, se detuvo y su cara se iluminó, volteó a ver la selva y vio que había miles de palmeras con esas enormes hojas.

Bajó del árbol con la bandera nuevamente y la puso en el agua de nuevo, volteó hacia el horizonte y sonrió. En ese momento su objetivo cambió y por lo tanto su enfoque cambió, ya no esperaría más barcos, era momento de hacer que las cosas sucedieran. —No sé si llegarán los barcos algún día, si será a corto o mediano plazo, lo único que sé es que yo necesito cambiar mi estrategia y moverme para salir de aquí.

Se dijo a sí mismo: <<*Construiré una balsa con esas hojas y buscaré llegar a la ciudad del resplandor.*>>

No tendría que esperar más, ahora se despedía del lugar y llegaría hasta allá. Se enfocó en hacer algo diferente que dependiera al cien por ciento de él mismo para salir de esa isla y llegar a la ciudad del resplandor, que parecía estar tan cerca y tan lejos a la vez.

Su vida cambió en ese momento porque su enfoque cambió. La perspectiva era ahora la estrategia de un plan. Un plan guiado por la inteligencia y la acción. Ahora veía todo diferente porque ya no deseaba esperar más. Se dio cuenta que en lugar de estar buscando salir de la isla, solo estaba esperando que las cosas sucedieran en lugar de hacer que las cosas sucedieran. Ahí comenzó la magia. Ahí se juntó la voluntad, la esperanza, la firmeza y el ingenio. Toda una sincronía. Dependía de él construir esa balsa y llegar a la ciudad del resplandor.

Ahora todo dependía de un pensamiento positivo: Emplear todas las herramientas a su alrededor lo ayudaría a llegar a su familia. Ese lugar lo había al conducido al verdadero sentido de su vida: Rescatarse él y rescatar su papel en la familia.

Razón por la cual él estaba dispuesto a todo. De ahora en adelante todo estaba en sus manos y comenzó a voltear en una nueva dirección.

CAPÍTULO 4

No puedo defraudarla

L a felicidad de Aarón era verdaderamente grande ya que ahora todo dependía de él y haría lo necesario para salir de esa isla. Se dedicó todo ese día a cortar y cortar hojas de esas palmeras, a las cuales les llamó palmeras mágicas. Pasó todo el día con mucho trabajo y cansancio por encontrar y cortar más hojas de palmera. Cuando llegó la noche, caminó a la cima más alta de la isla para ver nuevamente el resplandor, ahora con una sonrisa en sus labios, viendo directamente hacia el resplandor, se paró erguido con la mirada fija diciendo: ¨ Pronto estaré ahí, ahora nada me puede detener. Mi alma es mi motor, el amor es la fuerza que me empuja.¨ Rezó, se acostó y durmió exhausto de tanto trabajo cortando cientos de hojas de esa palmera mágica. Soñaba y soñaba sin parar.

Mientras dormía y dormía relajado, en esa dimensión desconocida del sueño, nuevamente viajó hacia su casa. Esta vez solo pudo ver a su hija Elena, la más pequeña quien solo tenía 4 años. La vio en su recámara jugando con aquella cocina rosa de juguete que le había regalado varias navidades atrás. Le llamó por su nombre pensando que no lo escucharía como en ocasiones anteriores, sin embargo, al momento en el que dijo su nombre, Elena se detuvo inmediatamente como si lo hubiese escuchado, pero después de unos segundos siguió jugando.

Aarón nuevamente la volvió a llamar y de nuevo ella se detuvo, esta vez volteó para todos lados como buscando algo; su cara era de incredulidad y asombro. En ese momento, Aarón le preguntó: —¿me escuchas hija?

Ella solo movió la cabeza asintiendo que sí lo escuchaba.

Elena preguntó rápidamente —¿Dónde estás? ¿Dónde estás? —No te veo solo te escucho. Él de inmediato le dijo: —¨te quiero mucho¨ y ella le respondió: —¨Yo más papi, te extraño mucho, ya regresa y ven a jugar a la cocinita conmigo. ¿Te acuerdas todo lo que preparamos y cocinamos juntos? ¿Quieres un pastel de chocolate o un helado? A lo mejor una hamburguesa... —Te necesito papi querido. Y mi mami está muy triste también, te queremos."

Su voz era tal cual como él siempre le respondía cuando ella le decía que la quería mucho.

Entonces él le dijo: —Elena estoy haciendo todo lo posible por regresar, ya he encontrado una forma de hacerlo y no voy a descansar hasta lograrlo. Ella le contestó: —Te quiero abrazar. No te siento, porque no puedo, ni siquiera tu pancita ni tu ombliguito. Esos tan lindos que tienes. ¿Te moriste papi, como mis abuelitos, los de mi mami? ¿Los que están en el cielo? —No lo sé hijita, pero siempre estaré contigo, recuérdalo. Aarón con lágrimas en los ojos añadió: —"Te prometo que muy pronto estaré junto a ti y te daré un abrazo que durará muchísimo."

—Por favor papa, "please"— le respondió ella, ya te quiero ver, ya quiero que vengas a jugar conmigo. Y quiero que en las noches me des mi abrazo mágico para dormir contenta. Aarón de inmediato le respondió: —Me comprometo contigo a regresar muy pronto y darte ese abrazo mágico que te daba todas las noches antes de acostarte. Ella sonrió, movió su manita con algo de pena y de forma muy ligera, como diciendo adiós. Salió corriendo de su cuarto gritándole a su mama que viniera corriendo a su lado.

Aarón, esperando ver a su esposa llegar corriendo al cuarto de su hija, hizo una cara de asombro pensando que lo podría escuchar ella también. La esposa incrédula, entró a la recámara de la niña diciendo que no podía ser lo que escuchó, que a lo mejor se lo había imaginado. Elena apenas entro al cuarto y gritó: —Papá, papá, dile a mamá que ya vas a venir. Dile que me vas a dar un abrazo mágico. Aarón llorando, intentó hablar, pero esta vez fue imposible, ninguna de las dos lo escuchaba. El veía como su esposa abrazaba a su hija y le decía que todo estaría bien, y que a lo mejor se imaginó lo que había escuchado, él gritaba desesperado: —¨Aquí estoy, aquí estoy, sí me escuchó, sí me escuchó¨, pero era inútil, ya no lo escuchaban.

Viéndolas unos momentos más, Elena le dijo a su mamá que ella confiaba en su papá y que él iba a regresar pronto. Porque su papá nunca decía mentiras, y ella le creía que pronto estaría ahí. Ambas se alejaron de su mirada, salieron de la recámara de la niña y cerraron la puerta.

Aarón despertó llorando sin parar, con una sensación de impotencia que lo carcomía por todo el cuerpo. Despertó y solo estaba con su perro, solos en esa isla desierta y solo escuchando el sonido fuerte del viento, mismo que ya conocía.

Para Aarón no había sido un sueño, lo vivió tan real que sentía las mismas sensaciones como si hubiera estado ahí. Y su compromiso con su hija fue muy real, y ahora no le podía fallar. Ella confiaba en él y él no descansaría hasta estar nuevamente con su familia.

CAPÍTULO 5

El fuego interno

T odos los días desde muy temprano que desper-
taba, caminaba al lugar donde trabajaba construyendo la balsa perfecta para poder salir de esa isla
por sus propios méritos. Eran largas horas laborales a
rayo de sol, y estableció un horario que incluía comi-
das y descanso. Su mente se encontraba concentrada
en la creación de la balsa y con un objetivo fijo: Regresar a casa. Su energía estaba en una vibración alta,
enfocándola al trabajo digno de todos los días. Así se
imaginaba, como si fuera todos los días a su oficina y
regresara a casa, en esa rutina que lo tenía aburrido
y estancado, pero aquí no existían las tensiones con
el jefe o los subordinados, las quejas de los clientes.

Aquí solo era dueño y señor de su propio negocio: su vida.

Mientras hacía las labores para construir esa balsa, cantaba, tarareaba canciones de niños. De esas canciones que le gustaban cuando era pequeño. Construía con tanto entusiasmo que parecía un niño jugando al rompecabezas. En su mente recordaba como en su infancia le fascinaba armar barcos, aviones y carritos de juguete. De esos que tienen cientos de piezas de diferentes colores. Eran sus juguetes favoritos y le encantaba jugar a armar cosas. Principalmente todo lo que tenía que ver con vehículos, como carros, aviones, barcos, bicicletas, motos, etc. De todo había armado cuando era pequeño.

¿Quién iba decir que aquello le serviría hoy en la vida adulta? Tener el ingenio de un ingeniero para construir una balsa de palmeras.

Recordó que tenía una colección enorme de todo lo que había armado pero un día, cuando terminó de estudiar, inició su trabajo en una empresa y decidió tirar todo pues ya le quitaba espacio en el escritorio que tenía en su casa.

Y desde entonces olvidó el amor y la pasión que le producía armar juguetes. Y este era el juguete de la vida. Claro, ya estaba grande y todo cambiaba. Ya no era un niño y debía enfocarse en trabajar para generar dinero aunque lo que hacía en ese momento no le gustaba, ni le daba ninguna satisfacción, era necesario si quería ser un gran empresario y tener mucho dinero.

Una frase que había escuchado de su propio padre, quien, queriendo lo mejor para su hijo, lo impulsaba a trabajar y a encontrar un buen trabajo para que pudiera sustentar en el futuro a su familia.

Sin importar que el empleo que tenía fuera algo que no le producía ninguna satisfacción, más que la de ganar unos pesos y de esta forma ahorrar algo para su futuro.

Aarón seguía cantando y construyendo la balsa, se dio cuenta que lo que estaba haciendo era algo que verdaderamente disfrutaba y eso le generaba un entusiasmo inmenso que lo hacía trabajar todo el día sin descanso y ser muy productivo. Pues lo que él estaba haciendo en ese momento no era un trabajo para salir de la isla. Él estaba jugando a armar aquella balsa con piezas más grandes y de mayor complejidad.

Era esta la razón por la cual su entusiasmo y pasión al construir esa balsa eran impresionantes.

Cuidaba cada detalle, sabía que pronto se encontraría con su familia y eso le daba fuerza todos los días para seguir adelante construyendo la balsa. Como un juego, él lo disfrutó cada momento. Cantaba y cantaba mientras ponía las hojas y las amarraba con unos pedazos de bambú para evitar que se separaran las hojas de las palmas mágicas que lo salvarían y sacarían de esa isla.

Al jugar y trabajar al mismo tiempo se encontró a sí mismo, y se miró como aquel niño ingenioso y creativo, capaz de crear grandes invenciones. Y se preguntó a sí mismo por qué se había extraviado por tantos años, si lo que es rescatable en una persona es su esencia.

Se notaba feliz, concentrado en cada detalle de lo que hacía, cuando de pronto a lo lejos en el mar alcanzó a ver una bandada de tiburones; eran decenas, quizá cientos de tiburones. Su mente en ese momento empezó a dudar un poco, el miedo le invadió pues no sabía a todo lo que se podría enfrentar cuando iniciara su camino rumbo a la ciudad del resplandor.

Su mente trabajaba de prisa, se imaginaba de todo, no había considerado los peligros a los que se podría enfrentar mientras navegara entre la isla y la ciudad del resplandor.

A pesar de esto, el siguió trabajando en esa balsa con entusiasmo, buscando terminar lo más pronto posible.

Cuando todo parecía perfecto, y él seguía trabajando intensamente pues ya la balsa estaba prácticamente terminada, algo cambió totalmente su entusiasmo y lo convirtió en enojo y mucho miedo. Esos tiburones daban miedo verdaderamente, cómo iba a poder evadirlos si eran enormes.

CAPÍTULO 6

Mi escudo protector

Una mañana, como tantas otras, al despertar y dirigirse rumbo a la balsa para terminar los últimos detalles, se dio cuenta desde lejos que alrededor de la balsa había miles de peces saltando por doquier, y sus saltos eran tan altos que algunos de ellos estaban entrando en la balsa. Corrió rápidamente por la arena fresca de la mañana para asegurarse de que la balsa estuviera bien y que no estuviera dañada. Al llegar a la balsa, se percató de que estaba llena de peces.

Subió rápidamente y desde que puso el primer pie dentro sintió una gran mordida, después una segunda, una tercera y cayó al suelo de la balsa donde había más peces que se adherían a su piel como queriendo alimentarse de él. Mientras se arrastraba para salir, todo adolorido, se dio cuenta que no era cualquier tipo de pez. Eran pirañas. Sí, esos peces que se comen todo lo que se les acerca y eran miles los que estaban en la orilla de la playa.

Salió como pudo de la balsa y se tiró en la playa a llorar de dolor y coraje. Tenía pequeñas mordidas por todos lados, el dolor era intenso, su enojo era tan grande que su llanto era más de dolor, que de coraje.

Reclamó al cielo por todo lo que estaba sucediendo.

Caminó lentamente al río para limpiarse las heridas, sin poder creer lo que estaba pasando. Le entró un pánico muy fuerte y empezó a gritar: —No voy a poder, no voy a poder, no quería ni acercarse a la balsa. Se recostó a la orilla del río y por varias horas estuvo pensando más en los peligros que habría dentro del mar. —Pensé que los animales de tierra que habitan en la isla eran más temibles, hoy veo que los marinos son un verdadero desafío para mí y con una simple mordida me pueden hundir y yo morir ahogado o devorado por ellos.

Sintió un miedo intenso y coraje por el dolor que le producían las heridas. << *¿Qué querían las pirañas? ¿Por qué les interesaría una balsa con ramas?* >> pensó. << *Solo ganas de molestarme o aniquilarme.* >> Por lo frágil que era la balsa podía ser destruida en segundos. Era una burla para esos animales. No estaban nadando en una pecera, eran reales y peligrosos.

Sin embargo, si se dejaba llevar por los miedos nunca lograría sus objetivos. Pero los peligros eran grandes, eso era indiscutible. Pirañas y tiburones, qué más había dentro del mar, tan amigable como esos animales. Y cómo poder contra ellos.

Había llegado un momento muy fuerte y determinante en su historia: Enfrentar los miedos. Sin ese trabajo interno no podría estar seguro para navegar en el mar. Estaba consciente de los peligros y de que finalmente en tierra, estaba a salvo. Pero en tierra también existían riesgos y amenazas. Recordó que también un día que en el otro lado de la isla había un estanque de cocodrilos.

Seguramente eran una familia o una comunidad, porque Tom y él habían visto al pasar varios de diferentes tamaños. Sabía que era una zona a la cual no debían de acercarse mucho, y le llamó "la zona roja". Aun así, reconoció que verlos caminar y deslizarse era algo especial, son animales impresionantes, hermosos por sus colores que van entre gris, verde, amarillo y café, sus colas son largas y afiladas y sus ojos son expresivos y te indican que están vivos.

Aarón se preguntó el papel de estos animales en el ecosistema, y desde luego, en esa isla, afirmando que su existencia seguramente provenía de las bendiciones divinas de Dios, igual que todas las creaturas del universo. Reconocía que, en sus ratos de ocio, era divertido acercarse a la zona roja y sentir la adrenalina del peligro, verlos pasar, observarlos, oír sus ruidos al pisar las hojas, verlos como van buscando qué comer, y hasta puede decirse que ya era amigo de estos depredadores.

Parecían haberlo aceptado como parte de la isla, como un ciudadano más, y por ello, partícipe de todo evento dentro de la misma. Aarón se había convertido en un gran observador. Había aprendido a utilizar la intuición de los animales, desarrollar sus habilidades con los sentidos. La vista, el oído, el olfato y el tacto para lograr sobrevivir. El instinto para saber a dónde acercarse y a dónde no. Entendió la sabiduría de los animales, la belleza de su naturaleza, de la sobrevivencia y la lucha por sobrevivir cada día. De la sencillez y la simplicidad, de saber coexistir entre la misma especie y defenderse de las otras. —Ya soy uno más en esta isla, gracias por incluirme, pero ya quiero irme. Llegará el momento...

Sin embargo, temía un poco por Tom, porque a veces les ladraba o se acercaba más a ciertos animales como a los cocodrilos. Su instinto cazador lo delataba y tan solo esperaba que nunca lo traicionara. Finalmente, eran más temibles que un perro. Sobre todo este perro tan especial, tan fiel y tan inteligente. Pero Tom y él se cuidarían y no se separarían nunca más. Pensó en los peligros de una gran ciudad, a los que se enfrentaba todos los días al salir de su casa e ir al trabajo y, aunque se dio cuenta de que eran más de tipo humano, como el tráfico, un accidente o alguna agresión de parte de alguna persona, se dio cuenta de que en todos lados existen peligros o riesgos, que son parte misma de la vida y hay que enfrentarlos, por pequeños o grandes que sean.

Aun así, pasaron dos días y él ni siquiera se acercaba a la balsa. El miedo a ser atacado era tan evidente que por las noches soñaba que moría por el ataque de una bandada de pirañas. Después de tres días de no acercarse a la balsa, mientras paseaba por la isla entre los árboles, cerca del río, vio un pájaro azul hermoso, exactamente igual al que hacía varios meses les había regalado a sus hijos. Y quien cuidaba más a ese pájaro era su hija Elena. De pronto el pájaro voló hacia él y se postró muy cerca de donde estaba.

El pequeño pájaro azul lo miraba adrede, como si lo conociera. Sus alas eran hermosas, su color era azul clarito con blanco, sus ojos negros y lo más característico en él era su pico, largo para su tamaño, pero profundo y también de color negro. Sus plumas cambiaban de color con el resplandor del sol y podían verse hasta de un tono verdoso.

Ese pájaro representaba una señal de alerta y un recuerdo de que debía hacer algo para regresar a casa.

Más que ver al pájaro, fue el mensaje recibido, fue la lección que Aarón debía recibir para llegar a la siguiente decisión.

—Llegó el momento de tomar una decisión, si quedarse en la zona de confort que representan los miedos y no moverse e intentarlo, o tomar todos los retos y comenzar la aventura. En ese momento Aarón recordó la promesa y el compromiso que le había hecho a su hija. Recordó que le dijo que no se daría por vencido y que pronto estaría con ella para darle un abrazo mágico. Se sentó a llorar por varios minutos hasta que se levantó, buscó un leño grande y se dirigió con seguridad nuevamente a la balsa.

Con el leño empezó a sacar a todas las pirañas restantes que ya para ese momento estaban muertas dentro de la balsa. Y se pudo percatar de la cantidad de sangre suya que había dentro de la balsa por las mordidas que le habían hecho estos peces. Cuando terminó de sacar hasta la última piraña, miró fijamente hacia el mar enojado y le gritó: —No me vas a vencer, no me voy a dar por vencido. Seré tu aliado, aprenderé a navegar como lo hicieron los grandes marinos y los descubridores del mundo y de los continentes, entenderé como fluyes, cuándo estás enojado y cuándo estás contento y sabré cuándo es prudente navegar y dejarme llevar por ti.

Conoceré el poder y cómo tratar a tus habitantes marinos. Desde el principio hasta el final. El mar y Aarón se volvieron uno mismo, como si pudieran conectarse a través de las olas y la marea, sin olvidar su belleza y también su grandeza.

Después de un rato, la marea estaba calmada, no se veía que las pirañas estuvieran cerca. La mayoría de ellas ya se habían marchado. Tocó el agua, se encontraba tibia, era una zona bajita, de golpe decidió enjuagarse los pies, se siguió con todo su cuerpo. Tom hizo lo mismo, ambos se dieron un baño relajante de agua y de sol. De esa peculiar manera retomó un nuevo estado de tranquilidad, se sintió vivo otra vez.

En vez de pirañas, se veían unos peces hermosos nadando a lo lejos, llenos de colores y de vida.

Internamente se dijo a sí mismo. —Soy excelente construyendo una balsa, pero la hice muy endeble. Tengo que crear una tan segura que ni una ballena podría hacerle daño. Tendrá, además, que soportar el peso de dos cuerpos: Tom y yo. Imaginó a Tom jugando con sus hijos en el patio de su casa. Qué alegría para ellos ver llegar a su papá acompañado de un perro que era más que una mascota, era un guía, un cuidador y un miembro de su familia.

Ese Tom era un alma vieja, por seguridad por eso vivía y había quedado náufrago en la isla. Quizá había cuidado a almas perdidas y les ayudaba a encontrar su sentido de vida. Pero él se lo llevaría, no lo podía dejar ahí, ya era parte de su vida.

Y con esa certeza comenzó la construcción de la nueva balsa. Ahora la cubriría por completo, para que ningún pez se pudiera meter, sin huecos o agujeros por donde pudieran encajar los dientes y destruirla sin piedad, asegurándose de que las pirañas o tiburones no lograran entrar durante su camino a la ciudad del resplandor. Ni siquiera un brinquito podrán dar, pensó con humor.

Desde lejos los saludaremos y nos alejaremos por el horizonte. Se verán como creaturas de Dios, pero pequeñas ante mis ojos.

Esta determinación le dio la seguridad en sí mismo, aquella que necesitaba para cumplir su compromiso con su hija. El construir mejor la balsa le dio la tranquilidad y seguridad que necesitaba para seguir con su objetivo. La preparación fue básica en este momento pues ahora sí, nada malo le podría pasar ya que él se sentía blindado dentro de esa balsa.

Además, tendría que observar nuevamente la marea y las horas de mayor seguridad cuando quizá las pirañas y los tiburones anduviesen distraídos o al menos, lejos de la orilla.

Esta era otra fase del plan y había que empezar a hacerlo.

Nada lo detendría ahora, cada vez sentía más cerca ese momento en donde pudiera abrazar a su familia y estar junto a ellos. Era hora de emprender su camino, de pasar de la planeación a la decisión de cuándo iniciaría su viaje.

Un día, mientras estaba trabajando arduamente, escuchó unos ruidos al otro lado de la isla. Sintió el terror de que pudiesen ser caníbales como se ven siempre en las películas, pero no se escuchaban cantos ni ruidos extraños. No había fuego tampoco.

Corrió a esconderse detrás de unas palmeras gigantes que le hacían sombra y vio que dos hombres se aparecían en la isla.

Vibró de emoción infinita, pero prefirió ser precavido y silencioso.

Solo los miró.

Ambos hombres traían un barco mediano también de madera, pero muy resistente y muy discreto. Era como un bote de pescadores, así parecía al menos. Uno era barbón con apariencia de pirata, el otro era delgado y alto, con pelo blanco y traía en su mano una red muy grande. —Muévete rápido o pueden vernos— le dijo uno al otro. Solo te estoy capacitando y enseñándote dónde tienes que venir a pescar. Este es el lugar.

Se oían gritos a lo lejos. Tom quería ladrar, pero afortunadamente entendió la orden de "estate quieto y mantén silencio".

Así podría darse cuenta si serían amigables, o eran aquellos que venían a rescatarlo.

Al menos se dio cuenta que dicha isla no estaba tan desierta como él creía, bella sí, pero también llena de sorpresas fascinantes y de muchos desafíos.

—Vamos, dijo el hombre alto. Sé silencioso, César. Ni te mueves tú, ni el bote, si no, ahuyentarás a la comida. Y tenemos que vender mucho, hacernos ricos es nuestro negocio. Nadie ha descubierto este lugar, ahora nos pertenece.

—¿Ya viste las langostas? Son enormes, las venderemos carísimas en el mercado. Y también los cangrejos gigantes, las patas se venden también a buenos precios. Necesitamos sacar cientos y venir por ellos en las tardes.

—Tendrás que venir tres veces a la semana con otro hombre, en dos barcos o canoas para llevar toda la mercancía.

Necesitamos construir una choza, una bodega para guardar mercancía, quizás si es necesario compramos más armas y más herramientas, lo que se necesite, por si deseamos dormir en la isla. —Seremos ricos, ricos. Decía uno de ellos.

—Encontramos el lugar perfecto. De ahora en adelante, a trabajar con ganas.

Aarón se preguntaba por qué nunca los había visto antes y quién sabe si prefería caníbales a unos pescadores mercenarios con grandes ambiciones y armas largas. —Y yo que siempre he tenido un trabajo tan honesto, nunca hubiese imaginado hacer negocios con estos hombres, total yo llegué primero que ellos. La isla me pertenece a mí, ¿verdad Tom?

¿Será?

—Asegúrate de que no exista nadie en la isla, si encuentras a alguien liquídalo y deshazte del cuerpo y que nadie te vea, evita que descubran cuál es el lugar secreto.

Los dos hombres se internaron en la isla hasta un lugar que estaba escondido cerca del río y el estanque de los cocodrilos, un lugar que parece estar cerrado por tantas palmeras que lo tapan. En un principio, Aarón había querido fabricarse ahí una casita y vivir el tiempo suficiente, pero en la noche la temperatura bajaba demasiado y se siente muy fuerte el viento, por lo que decidió que otro lugar con mejor temperatura era más adecuado en esos momentos.

Y quién le iba a decir que ahora era un escondite para unos pescadores ilegales con ganas de hacer negocios, pero pronto sería un paso para barcos más grandes, también con fines lucrativos de vender langostas y otras delicias marinas. —Y pensar que no me he preparado una langosta a las brasas. << *Antes de irme me comeré unas cuantas, y patas de cangrejo ni se diga, solo requiero limón, con suerte encuentro alguno en otro lugar de la isla.* >> Pensó, tenía el paladar salivando de la anticipación.

Después de un rato, ambos hombres regresaron a la orilla. Se subieron al barco y se marcharon al mar. Desaparecieron poco a poco. Se fueron perdiendo con las olas y la marea. Entonces volvieron a quedarse solos en la isla Tom y Aarón. Ambos sabían con claridad que ahora todo cambiaría. Había intrusos y más peligros que afrontar, tal vez cambiarían los planes, debían de estar atentos para saber cómo manejarlos.

Todo esto mientras seguía construyendo su balsa.

Realmente eran unos tipos altamente peligrosos. Hacerse su amigo, quizá, su cocinero, su marinero, cantarles, prepararles bebidas... No sé qué táctica podría funcionar para que no lo utilizaran y luego quisieran venderlo, con todo y el perro como si fueran una más de las deliciosas langostas. Y cuántos hombres estarían llegando a la isla...

—Tan hermoso lugar, no cabe duda de que es un gran tesoro de la naturaleza. Esta isla está llena de secretos y de sorpresas, igual que el mar, y nunca sabes con qué te vas a topar.

—Tendré que dedicarme también a explorar más el lugar, de ahora en adelante, para poder cuidarme de ellos mientras termino de construir mi balsa, pensó Aarón.

Así empezó una nueva etapa en la aventura de la isla, y Aarón tendría que ser muy astuto e inteligente para salir de ella y superar todos los peligros.

Dos días después encontró un lugar donde estaban los cocos más grandes y todos los días se subía a una palmera nueva, imaginándose que sería el mejor coco de todos. —Un elixir para mi paladar— Se dijo a sí mismo. —Una bebida refrescante y deliciosa, como para los dioses. Las vitaminas de la carne del coco y el agua misma, resultaron un verdadero manjar para Aarón. —Y todo es para mí solo, oh Dios, que no lleguen estos pescadores a invadir esta isla, antes de que yo pueda llegar a la ciudad del resplandor.

Mientras viva yo aquí, mi isla es solo mía. Así se dio cuenta del sentido de pertenencia que ya tenía en la isla, como el que tenemos todos los seres humanos, de posesión al sentir que era el dueño, y de afecto al sentir que este lugar era por el momento su albergue.

Y a pesar de esta vida tan feliz que tengo, es el momento de volver a planear mi regreso a casa. —Algún día traeré a mi familia de vacaciones por acá.—Vaciló. – Quizá hasta construya un gran hotel en este sitio.

La construcción de la balsa seguiría de igual manera, pero tendría que esconderla para que no fuera descubierta.

Así que la empujó hasta un lugar seguro y la escondió debajo de unas ramas para que no la encontrara nadie. Tuvo que cuidarse de no dejar rastros humanos ni restos de cáscaras de plátanos y de alguna comida, por si llegaban esos hombres que pensaban que no había vida en esa isla, tal cual él lo pensó cuando despertó ahí. —Tan contento que vivía yo aquí, con una vida ya manejable y segura, y ahora la presencia de estos hombres... ¿Qué haré de ahora en adelante? << *Tendré que cuidarme más y estar vigilando su llegada* >> recapacitó.

Pasaron los días y no llegaba nadie a la isla, así que seguía trabajando y trabajando en la balsa y gozando de los mejores momentos.

Había aprendido a meditar en el amanecer y a rezar antes de dormir, a agradecer por la comida, la compañía y el encuentro de su perro y la belleza que le inspiraba ese lugar, a gozar de su soledad y de sus sueños. Convirtió sus recuerdos en momentos inolvidables en su memoria y además, a platicar con sus seres queridos a través del pensamiento. A enviarles amor desde ese lugar tan lejano. Ya todo era paz dentro de él.

Aquí ni siquiera había experimentado la enfermedad, ni la taquicardia ni el dolor de cabeza. Todo era perfecto, inmensamente perfecto.

Era sin lugar a dudas, parte del plan maestro, de esa perfección creada por Dios.

Tanto que disfrutar y de qué sorprenderse. Se había maravillado de ver el sol, ver llover, ver la salida del arcoíris, tan inmenso y extenso, y ver cómo la marea sube y baja. ¿Podría existir una belleza mayor que aquella naturaleza sonriente? Estaba ya conectado e integrado a ese hábitat natural. A los ruidos de los animales, al canto de los pájaros, al águila que paseaba a lo lejos y a la cual le tenía tanta envidia, y los animales de la playa como las hermosas gaviotas, los cangrejos de todos tamaños y colores, ver cómo salen y se esconden, se deslizan por las rocas, algunas gaviotas y muchos otros que existían ahí.

Del otro lado de la isla encontró una playa perfecta. Se dio cuenta de que al atardecer llegaban tortugas gigantes. Encontró un lugar discreto para observarlas. Se dio cuenta que, si se metía a bucear, vería muchas de ellas nadando. Eran enormes en su mayoría.

Las vería desde sus inicios, en el mar y cómo se dirigen a la orilla.

Las vio llegar a la playa, eran muchas de ellas. Dos de ellas se aparearon y después otras más. Regresaron al mar.

En los días subsecuentes, caminaba hasta allá para verlas llegar a la playa y arrastrarse en la arena. Venían cargadas. Será por ello que son tan lentas con sus patas, son torpes y además muy precavidas. Temen que existan depredadores en la zona y no puedan regresar al mar, donde es su lugar seguro. Nunca la tierra.

En esa playa tenían su lugar secreto, el escondite de todos sus huevos.

Pudo ver cómo llegaban en grupo, encontraba cada una un lugar perfecto e iban depositando sus huevecillos para enterrarlos y abandonarlos por ahí.

Se preguntó si estarían conscientes de la maravilla de ser procreadoras de vida, se cuestionó el hecho de que quizás nunca más verían a sus hijos, ni siquiera sabrían si sobrevivieron, nacieron o si crecerían al tamaño de ellas. Eso lo lleno de tristeza, se vio reflejado en ese dilema al estar lejos de su hogar.

Él no sabía si es corto o largo el ciclo de vida de una tortuga o cualquier animal marino o terrestre, entendía que es parte de un ecosistema, de un todo llamado naturaleza. —Nacemos, crecemos, nos reproducimos y morimos, decían por ahí. Recapacitaba al caminar por una parte de la playa << *Cada cosa cumple su tarea. Después de ver esto puedo concluir que bello es nacer, crecer, reproducirse y morir. Todos los ciclos deben de ser hermosos si gozamos de cada uno de ellos. Incluso la muerte, si vivimos con un sentido de vida pleno, también lo es. Así como vivir con dignidad, morir con dignidad* >> resaltó la voz en su cabeza.

Por la noche tuvo la fortuna de ver como de esos huevitos nacieron unas tortugas bebés, tan bellas como sus progenitores, de caparazón color café obscuro a cuadros, con su cabecita que se levanta para observar lo que les rodea, deseando rápidamente aprender del mundo. Observó cómo los ojitos pequeños y profundos parpadeaban, a tumbos se movían, se arrastraban al mar y desaparecían en la espuma que formaba las olas. Así se marchaban de la playa, del peligro.

Aarón recordó a su hija, la mañana del siete de septiembre fue cuando dio sus primeros pasos, sus ojos se cristalizaron.

Después de verlas nacer y cómo luchan por sobrevivir en un mundo de riesgos, especies marinas peligrosas y mayores que ellas, peces y animales más rápidos y voraces que las mismas, se dio cuenta que la vida es un desafiante reto ante el destino y no hay que detenerse nunca. No hay que ver para atrás, solo para adelante como lo hacen las tortugas, no temblar, sino deslizarse de manera segura sin perder de vista nuestro destino.

Semanas más tarde en otra playa volvió a percatarse cómo llegaban las tortugas a la orilla, rascaban y hacían un hueco donde esconder sus huevos. Los enterraban bajo la arena para que no fueran descubiertos o se los comiera algún animal. Al finalizar, las tortugas regresaban al mar y se perdían en la obscuridad. ¿Estarían contentas por saber que nunca conocerán a sus creaturas? ¿Estarán conscientes de todo el proceso?, nuevamente se preguntó.

Ese aprendizaje, esa experiencia vivida en esta parte de la isla, lo llenó de ganas de contarlo a sus hijos y que ellos con sus ojos lo pudieran ver o por lo menos imaginar. Deseaba decirle al mundo que había sido testigo de un milagro de vida, de la especie animal.

—Pero, ¿lo habrán visto ya los pescadores? Van a acabar con los huevos y con las tortugas mismas. Ojalá no descubran esta otra playa ni sus encantos. Así, decidió llamar a esta playa "la playa secreta". Casi todos los días por la tarde caminaba con Tom a las dos playas, a bucear, nadar, esperar a ver a las tortugas, disfrutarlas y gozar de ese lugar que era mágico. Cuidaban de los huevos para que no fueran descubiertos por animales depredadores.

Recordó su instinto de paternidad, de protección hacia especies más débiles o frágiles. Recordó a sus hijos y se dijo: ¿Quién cuidará de ellos? María Clara de seguro es más fuerte y capaz de lo que yo nunca imaginé. Ella puede con todo. ¿Por qué he sido tan inseguro que nunca lo reconocí? La fuerza femenina puede llegar a ser más intensa y definida que la nuestra. Solo que a veces las opacamos y no las dejamos ser o desarrollarse. Les reprimimos su seguridad cuando en realidad es mayor que la nuestra.

Más bien, ninguna es mayor que otra, solo son distintas. Son esencias que se complementan, necesarias para que el universo logre la armonía y el equilibrio.

Tom por su parte, gozaba de todo de manera infinita. Ver el perro entretenerse jugando con los mismos animales no solo era divertido, sino también era relajante para ambos. Pero eso sí, tocar a las tortugas estaba prohibido, también rascar y sacar sus huevos. Cuidar a las tortugas se convirtió en un ritual para nosotros, visitar la playa secreta es una actividad imposible de dejar. Sentía que las tortugas eran como sus hijas y los huevos sus nietos. —Así espero también poder algún día ver crecer a mis nietos, o verlos nacer desde luego. Me apuraré en regresar.

Decidió que también era necesario tener una buena condición física en brazos y piernas. Quién sabe cuántas horas seguidas tendría que remar o quizá que nadar, en caso necesario. Así que empezó a nadar y a ejercitar sus brazos a diario en la playa secreta.

Comer era un ritual, tomar agua de coco lo era más, pues soñaba que estaba en una fiesta y servía bebidas alcohólicas a sus comensales. Llegó a imaginar que tenía una cena romántica con María Clara, por lo que juntó flores y las enredó a una rama formando una corona y simuló con la misma rama la forma de un anillo de compromiso.

La instaló en dos pedazos de rocas y se imaginó que volvía a comprometerse con ella y a pedirle matrimonio nuevamente.

Ella era tan hermosa, como siempre, con su pelo castaño, lacio y casi a la cintura, hermoso y radiante con los rayos del sol. Y así de bella, asintió y le dijo que lo amaba hasta la eternidad.

Se preguntó si ella realmente lo amaba y si lo amaría siempre, o pensaría en encontrar el amor nuevamente con otro hombre si él no regresaba y cuánto tiempo lo esperaría. —A los hombres que van a la guerra no los esperan sus mujeres. Nunca saben si van a regresar vivos, o sea que no los esperan. ¿Qué pensaría María Clara? ¿Qué estaría sintiendo o pensando? ¿Cuáles serían sus expectativas reales? ¿Cómo se sentía por ser una mujer viuda? ¿Se incorporaría a la fuerza laboral de las mujeres para sacar adelante a los hijos y cubrir la deuda de la casa? << *De seguro sí lo hará, y mejor que yo* >> se contestó él mismo. —Sabrá sacar el "barco adelante". Esas eran sus expectativas, sus hipótesis, sus miedos, todo lo que arrojaba su mente y sus momentos de pensamiento y reflexión.

Recordó cuando ella le pedía que por favor la dejara regresar al trabajo, que necesitaba vida profesional y él la quería tener en casa, cuidando de los hijos y el hogar como lo hizo su madre. María Clara era una gran vendedora de seguros y de seguro regresaría a los mismo. —Perdón por ser egoísta amor, por no pensar en tus necesidades y en tus deseos. A mi regreso, te preguntaré qué deseas hacer. Confiaré en tu capacidad humana y profesional a la vez.

—Seremos un gran equipo. Se dijo a sí mismo. Queda prometido y decretado.

Sentarse en las rocas a observar era un momento muy especial que disfrutaba en la playa secreta. Cuando casi llegaba el atardecer, sentir cómo su cuerpo se mojaba cuando la marea empezaba a crecer, baja un poco el rayo de sol y las gaviotas también se posan por ahí, descansando y buscando algo para alimentarse. Deseó ser una de ellas y poder dirigirse a donde él quisiera, pero vio que ellas vivían tranquilas y no necesitaban moverse ni irse a otro lugar, ahí era su casa, su hogar, todo lo que eran y tenían y mucho más. —Qué felices son— pensó. Después nadar y sentir el agua que bañaba toda su piel. Esto es vivir en el paraíso. —¿Me lo merezco? Se preguntó a sí mismo.

Pasaron más días y más noches en calma, hasta que un día volvió a escuchar la llegada de un barco. Ahora era más grande y traía más hombres. Sumaban al menos diez. Solo venía de líder el que llamaron César, de aspecto regordete. No observó al hombre alto y mal hablado, el de la pistola de aquel día.

Empezaron a bajar algunas cajas de madera, cañas con anzuelos de madera y redes gigantes para poder pescar más rápidamente. Se oían bromas y se dirigían entre ellos con puras malas palabras. El líder los venía guiando. —Muévanle, a la derecha, a la izquierda. Busquen donde hay más peces, busquen las langostas. Todas las del mundo, todas son nuestras. Vean los tamaños, son gigantes—decía el líder. —Inútiles, bola de perdedores, muévanse o no ganan para el fin de semana. Yo les pagaré según la mercancía obtenida. ¡Muévanse! Observó que en el barco estaban dos hombres que se quedaban ahí vigilando que no hubiera peligros ni gente que los viera, la llegada de un barco o algún enemigo.

Juntaron langostas y pescados de diferentes tamaños y cangrejos y se retiraron. Se quedaron algunos restos de las latas que usaron, otras cervezas las dejaron enteras en la orilla de la playa.

Uno de ellos preguntó antes de irse: ¿Y cuándo regresaremos? ¿Dejaremos algo en este lugar? El regordete contestó: —En dos días. Así operaremos, venimos, sacamos, llevamos y nos vamos. Ya en Puerto entregamos. Allá cobramos y vendemos al doble que los demás pelados, ¿entendido?

Dijo el líder del grupo: —Espero que todo haya quedado bien claro. No podemos correr ningún riesgo de que alguien vea nuestro lugar. —Vámonos camaradas—señaló el regordete.—Bien dicho— dijo Ruperto, otro marinero. Lo más simpático era la gorra de ese hombre, era de mezclilla, pero con tantos agujeros en ella que ya no podía tener ni uno más. Era bastante evidente que no lo protegía del sol, pero era su rasgo característico, así le gustaba distinguirse de los demás. Él era el segundo de a bordo del grupo.

Tenía su voz fuerte ante los demás, imperativa, según él lo hacía diferenciarse, sentirse como un hombre de gran personalidad. Se marcharon contentos, se sentían los reyes del lugar.

Aquel día terminó sin poder asistir a la playa secreta, por estar vigilando el lugar y los movimientos de los pescadores. No sabía si esos hombres aparecerían cada dos días o cada tres. Tuvo que formular un calendario semanal con unas varas en unas rocas, marcando los días de la semana y poniendo marcas cada vez que se aparecieran para seguir su rutina de operación.

Pensó que quizá alguno de los hombres que se quedan en el barco se distraerían y bajarían del barco a tomar el sol, o ayudar a los otros. Había que apuntar cada vez cuántos hombres aparecen para saber si alguna vez llegasen menos. Saber los horarios, inventar una manera de calcular la hora, según el oleaje, el sol, etc.

Esperó a que llegara la tarde, puso las cervezas en la sombra para imaginar que tenía una hielera y las enfriaba y sentado en las rocas decidió tomarse una. —Confieso que me sabe a gloria. Como si fuera la champaña más cara. Guardó las demás cervezas y las escondió entre las rocas para que no fuese un signo de la existencia de alguien más en la isla. Sabía que tarde o temprano el oleaje cubriría las rocas y la lata se la llevaría el mar. —Lástima que tenga que contaminar un mar tan hermoso, pero no me queda otra.

—No puedo arriesgar ni un segundo de mi vida. Lo mismo haría que todas las demás cervezas que dejaron aquellos mercaderes. << *Ojalá que traigan más regalitos para mí* >> pensó.

Soñó por unos instantes que estaba sentado en el restaurante exterior de un barco de lujo, de aquellos que navegan distancias gigantes por todos los continentes y llevan turistas de lujo, los meseros con camisa blanca le ofrecían una bebida: —¿Qué se le ofrece señor? ¿Algo de beber? Un Martini de lichi por favor, y bien frío. Ya saboreando su delicioso

Martini, acompañado de aceitunas y cacahuates, le fue ofrecida una carta con inmensidad de platillos, en su mayoría mariscos; todo era de alta cocina internacional. Podía elegir entre la variedad de platillos todo lo que el desease. —De entrada, unos "escargots" con mantequilla y vino blanco. Después el platillo de mariscos que incluye la "Langosta Termidor" y unas patas de cangrejo estilo Alaska. De guarnición deseo puré de papá y unos ricos espárragos a las brasas.

Ya finalmente, un mousse de chocolate amargo con coulis de fresa. Lo acompañaré con un rico vino tinto blanco espumoso por el calor.

El mesero lo atendió como él se merecía, trayendo a la mesa la degustación de todos y cada uno de los platillos, pan de la casa estilo francés, horneado y calientito y mucha agua para acompañar los platillos. Al final pidió una rica taza de café italiano. Como solo en Italia se sirve, cargado y fuerte y dos coñacs para terminar. —Que gran festín, que gran barco y la música que me acompaña. Los violines acompañaban esa bella comida y le hacían sentir que se encontraba en el cielo disfrutando. —¿A dónde será el siguiente puerto?, le preguntó al Capitán del barco. —A las Bahamas Señor Aarón. Será un placer navegar con usted. Por favor no dude en pedir lo que se le ofrezca. —Por favor, lléveme a casa después de las Islas Bahamas, ¿se puede? Deseo llegar con mi familia, no seguir el viaje. Deseo llegar a Puerto. Ellos me esperan.

En ese momento despertó y se dio cuenta de que no era real.

Así era su vida, una realidad llena de anhelos, sueños y a veces fantasías. Pero, ¿qué vida no es así?

Pasaron los días y solo veía cómo llegaban hombres, pescaban, bebían cervezas y hasta se emborrachaban algunos y abandonaban la isla, pero nunca dejaban solo el barco, siempre había alguien vigilando que nadie se acercara. Calculaba que siempre llegaban como alrededor de las 4 pm con un horario casi fijo y luego volvían a irse. Pensó que algún día intentaría acercarse a ellos, negociar algo a cuenta de transporte para salir más fácilmente de la isla. Aun así, tenía miedo de ellos, no sabía con qué tipo de personas estaría tratando y quién era el alto mando que los comandaba.

Un día se acercó al barco porque solo se encontraba uno de ellos; al menos, el que timoneaba todas las veces los barcos, porque a veces llegaban en unos medianos y otras, en unos barcos más grandes, previendo la pesca y la cantidad que se llevaban. El hombre se encontraba dormido descansando y roncaba profundamente.

Intentó hablarle, pero ni escuchó. Gozaba de un profundo sueño, gesticulaba el entrecejo y la boca. Quiso subir al barco y solo pudo ver que eran grandes espacios para las redes en forma de cajas y algunas cosas que Aarón desconocía. —Si son pescadores, no deben de ser hombres malos, solo hacen su trabajo— pensó.

Decidió retirarse y esperar otra oportunidad. Observar a los hombres, para saber cuál era el más vulnerable, aquel que pudiese flaquear, negociar o simplemente conversar.

Entre el grupo de marineros que iban siempre, había uno más joven, de unos 30 años y pensó que él sería su blanco a seguir, pues a veces se alejaba del grupo y se iba al otro lado de la isla, nadaba cerca de la cascada, regresaba, contaba la mercancía, la acomodaban y ya después se marchaban. Pasaba muchos ratos solo. Normalmente le daban su tiempo, otras lo correteaban. Otras más, los demás lo esperaban tranquilamente en el barco o en la playa, tomaban sus cervezas, algún ron u otras bebidas, hasta embriagarse. Les convenía, pues él era el encargado de contar cuántas langostas y otros mariscos habían conseguido.

Seguramente la rutina diaria los mantenía aburridos, luego llevaban su música, pero no la ponían a altos volúmenes pues había que ser discretos, otros cantaban, se reían, hacían bromas y se hablaban entre ellos con puras malas palabras. —Carajo, ¿que no te das cuenta? Si fallas en las cuentas, dirán que nos robamos algo. Y perdemos el trabajo o nos vuelan la cabeza. —Debes contar bien y no te claves nada muchachito— decía el más borracho.

Oyó decir de uno al otro.

—No vayas a andar de soplón del lugar donde sacamos estas maravillas porque nos pasa lo mismo de la otra vez y ahora sí no la contamos. Nos perdonaron una vez por ser honestos, pero ya no habrá una segunda oportunidad. Debemos salir después del mediodía, del Puerto de Callejas, recoger a los demás hombres, otro barco y llegar a la isla. Y así preparar lo que sea para la entrega en Puerto. Ahí nos esperan los buenos. Ahí negociamos el doble o, si están muy grandes, el triple. Si nos organizamos nos darán cada vez más venta y venta y al rato tendremos más barcos de transporte. Podemos ser millonarios.

Les dijo César con la voz entrecortada: —Este negocio sí deja. O sea que, a chambear compadrito, que se te quite lo huevón de una vez. —¿Y tú qué? Todo el día andas de borrachín y buscándote a la Elvira, tu amante, solo te la pasas correteándola todo el día, a ver si algún día no te descubre tu señora o tus hijos y la hacemos buena. —Ay tu qué, la blanca paloma ¿no? Tampoco bailas mal las cumbias. —Que tal la Lenchita, ¿a poco no está muy bien?

Así eran siempre sus conversaciones: mujeres, entregas, borracheras. —Ojalá hubiera tantas mujeres como langostas, ja ja— dijo Ruperto. —Pero las langostas sí nos dejan y las mujeres solo nos quitan la lana— dijo otro compañero.

El que se perdía nadando era otro muchacho más, quizá podía hacerse su amigo, ayudarlo en algo de manera secreta e intercambiar ayuda.

Un día en que aparecieron los mismos hombres, decidió seguir al muchacho y justo enfrente del lugar donde caminaba solo en la selva, se le apareció enfrente y le dijo: —Hola, soy Aarón, muchacho. ¿Cuál es tu nombre? No te asustes por favor, no grites. El muchacho se quedó quieto, pero sorprendido. Sacó una navaja. Y la mantuvo de frente. —No muchacho, no te haré daño, solo quiero ayuda. ¿Cuál es tu nombre? Anda, dime.

—Te ves una buena persona, si me ayudas, yo te ayudo. Dime tu nombre muchacho.

Aarón tenía miedo, no sabía cómo iba a reaccionar el muchacho, si gritaba y pedía auxilio, lo matarían los otros. Sin embargo, ya no podía retroceder, ya estaba ahí frente al joven.

—Me llamo Luis, pero me dicen "El Roto". ¿Qué quieres de nosotros? Solo estamos trabajando. ¿Qué haces aquí? ¿De qué grupo eres?

—Soy del grupo perdido ja ja, porque ando perdido— dijo Aarón. —Más bien, mi único grupo somos mi perro y yo. El perro lo adopté yo, es de la isla. Alguien lo dejo aquí y hoy ya está conmigo.

—Pero, ¿cómo que perdido amigo? dijo Luis. —¿Pues qué no vienes en barco, lancha o lo que sea? Aquí no vive nadie. Está solito.

—Pues aquí vivo yo mientras puedo regresar a tierra y a casa.

—Uy, qué barbaridad, pues. ¿Qué, eres el mismísimo Tom Sawyer de las películas? —dijo Luis.

—No, solo estoy perdido y sin boleto de regreso. ¿Puedes ayudarme?

—¿Pero pues cómo carnal? ¿De dónde eres?

—Soy de Zuazua, Nuevo León. De México. Y no sé dónde estoy perdido. No tengo brújula ni reloj.

—¿Dónde estamos? ¿Me puedes decir?

—En un lugar muy especial amigo, una isla que nadie conoce solo nosotros la conocíamos y pues ahora tú.

—Pero nosotros, somos grandes empresarios, pescadores de lobina y cangrejo ¿qué no me ves? —afirmó Luis.

En realidad, su aspecto era de un pescador local humilde, no de un empresario calificado ni de una gran negociante, pero su comentario le pareció muy atinado y gracioso.

—Pues dime Luis, ¿puedes ayudarme a regresar?

—Uy no carnalito, si me agarran hablando con un desconocido nos matan a ambos. Este lugar es secreto, nadie puede llegar aquí— dijo Luis.

—Ándale amigo, tú te ves un buen muchacho, trabajador e inteligente, y yo solo deseo regresar con mi familia, sé que me están esperando en casa. Mi hija la menor está muy triste, llore y llore por mí, me necesitan.

—¡Y yo cómo sé que esto no es una farsa! Mira mejor, tu y yo no nos conocimos, nunca nos vimos. Y cada quien para su casa. Bueno, tu para tu isla ja ja,— dijo Luis.

—Puedo ayudarte con comida o traerte algo y eso ya es riesgo para mí. A ver, ¿cómo no sé qué eres un delincuente o ladrón, o del grupo opuesto del mercado, del puesto de Don Ramón? Yo no quiero estar en riesgos, ni trabajos sucios.

—No amigo, ahí nos vemos, dijo Luis y se retiró.

Así fue como vio marchar nuevamente el barco sin haber conseguido realmente nada al respecto. Pero de todas formas el siguió construyendo su balsa y con su plan de llegar a la ciudad del resplandor. Esto solo lo estaba distrayendo de su objetivo pues le quitaba tiempo y le preocupaba que le pudieran hacer algo y sobre todo que le hicieran algo a su balsa.

Pasaban los días y por alguna causa, ya no veía al mismo muchacho llegar a la isla. Venía otros y se marchaban con mucha pesca. Era el lugar de la mismísima abundancia. Todo era abundante.

Aarón solo observaba y observaba, esperando alguna oportunidad.

Uno de aquellos días vio llegar a Luis nuevamente y lo siguió hasta su lugar de reposo, pues iba solo. El otro compañero había tomado otra ruta de la cascada, seguramente para nadar o tomar un rayo de sol.

Aarón aprovecho este momento y fue a encontrarse con Luis. —Hola Luis. ¿Cómo estás? ¿Te acuerdas de mí?

—Claro, el Tom Sawyer de la isla. El náufrago, ¿Qué, eres el velador o el fantasma de la isla?

—No, pero me gustaría ganar un dinero y luego salir de aquí. Dijo Aarón.

Y, ¿cómo le hacemos mi carnal? Dinero para qué te sirve aquí. Si me ayudas a contar y cargar la pesca sin que te vean te puedo traer comida o algo que necesites cada vez. Nada más.

Aarón pensaba y pensaba y le contestó: —Necesito un espejo y una rasuradora. Un reloj y una brújula.

—Mientras cuido la isla y te aviso si llegan competidores y encuentran lo que hay. Soy el guardián, ¿cómo ves? Y creo que hasta caníbales vi, mintió Aarón. —Haré un gran trabajo.

—Tráeme comida escondida también. Botellas de agua. Aarón tendría que almacenar comida para su largo regreso, además de latas de atún o sardinas.

Por lo pronto, algo iba avanzando para los planes.

Ya había logrado una negociación de cuidar la isla como un lugar sagrado. Jamás revelaría el secreto de la playa secreta, eso sí, a cambio de nada. Tendría que negociar si era necesario con todos los pescadores para logar algo muy bueno.

Pasaban los días, y cuando le tocaba venir a la isla a Luis —que no era todas las veces— traía víveres y trajo consigo escondida una brújula sencilla y un reloj.

Y por lo menos Aarón ya sabía la hora, sin embargo la orientación no, pues la brújula parecía volverse loca en la isla, por lo tanto no sabía dónde se encontraba. Iba escondiendo en la cueva esas botellas de agua y las latitas de sardinas que le traía Luis.

—Gracias Luis, eres un gran amigo, el único que tengo además de mi perro.

—De nada carnal, los demás hombres son peligrosos, te recomiendo que no te acerques tanto a ellos, no son confiables, mejor negocia conmigo.

—Están concentrados en el negocio. No les importa nada más.

Así encontró Aarón un nuevo aliado y compañero en la isla, cuando llegaba, aunque fuera por algunos instantes. Otro día, Luis le llevo un botiquín viajero de primeros auxilios. Eso fue de gran ayuda, los miedos y las dudas se empezaron a disipar, se sintió más seguro con eso en su pequeña bodega.

Y así siguió el mes, y otro mes más, Aarón, pensando y planeando cómo reforzar su balsa para regresar.

Era una realidad que esos marineros no lo ayudarían a regresar. También que no podía confiar en ellos.

<< *En fin, solo me faltaba una maleta o bolsa para guardar todos algunos de los víveres que tengo aquí, aquellos que me llevaría en la balsa para sobrevivir. Ojalá pudiese conseguir una en el*

barco, pero eso también será complicado >> refutó su mente la idea.

El plan maestro tendría que ser otro.

Me voy de aquí con la mayor discreción posible, sin saber a dónde voy, pero seguro de que llegaré sin problemas. Eso fue lo que pensó.

Y todo tenía que encaminarse para ejecutar su plan.

Un día, mientras caminaba por la isla en busca de cazar algún animal para la comida, sintió un piquete en una pierna. Era más bien como un mordisco. De repente, vio deslizarse una víbora bastante grande, la más grande que había visto desde su llegada a la isla. Pronto empezó a sentir cómo que la pierna se le dormía, además de todo el cuerpo. Empezó a sudar terriblemente y se elevó su temperatura. No podía caminar. Llegó como pudo hasta el lugar donde tenía escondido el botiquín de primeros auxilios.

Saco de ahí una gaza y unas aspirinas y mojo la gaza para ponerla en su frente.

Se quedó dormido por más de un día, hasta que la calentura bajo y logró despertarse. Su perro estaba junto a él sin separarse. —Ay Tom, tú sí que no me fallas. Me perdí, pero ya estoy de regreso, ya superé además otro obstáculo, el piquete de un animal venenoso. Era una víbora Tom, debemos cuidarnos a esos animales.

Tom movió la cola y ladró de puro gusto.

Ahora sí, llegó el momento de terminar la balsa y planear la marcha hacia la ciudad del resplandor.

Habían sido demasiadas aventuras.

Un día, mientras trabajaba a rayo de sol vio que dos hombres se acercaban a él. No había escuchado el barco de los otros hombres. No sabía que habían llegado unos nuevos visitantes ni qué harían por ahí. Pero algo sí era cierto, esta isla ya no era tan desierta, ya se estaba poblando para diferentes objetivos, era una pena que la llegaran a explotar.

—¿Quiénes son ustedes? ¿Me podrían decir? Esta es mi isla – dijo de broma en broma.

—¿Quién eres tú, pelado? ¿Vives aquí?

—Sí, aquí vivo.

Los dos hombres no se inmutaron. —Estamos buscando un lugar en la isla donde hay langostas gigantes, además de tortugas. Ya otros pescadores se nos adelantaron, pero queremos bajarles el negocio.

—No y no he visto nada. Yo creo que se equivocaron de lugar. Aquí no llega nadie y no hay nada. Está desierta, de verdad.

—¡Sí cómo no! No te creo nadita, nadita.

El hombre sacó una navaja y unas esposas y encadenó a Aarón sin piedad y amarró al perro a una palmera cercana con un lazo y no lo dejó moverse. Me llevas ahorita mismo o te mato completito. Tú dices.

Lo fueron empujando por toda la isla, caminando de un lado a otro.

Aarón sentía que ahora sí se le había complicado la vida sin razón alguna. ¿Qué necesidad de tener que tratar con estas personas? En una isla tan bonita, donde inicialmente solo se respiraba la calma y la serenidad.

Pero llega el hombre, a explotar siempre los lugares, a hacer mal uso de los recursos, con el fin de lucro, la ambición de ganar dinero y descomponen todo, todo.

Sus nervios eran muy grandes, estos hombres eran peor que caníbales, traían machetes y una pistola. —No te haremos nada, solo danos la información que necesitamos y te soltamos. Órale, ¿dónde tienes escondida la mercancía? —preguntó uno de ellos. —¿O, prefieres morirte?

Aarón se quedaba callado, no encontraba las palabras adecuadas, no quería decirles nada, arriesgando su pellejo y la de su amigo.

Así lo estuvieron paseando por varias horas, de un lado a otro. Tom se la pasó gruñendo todo el camino, pero lo llevaban bien amarrado y tampoco pudo hacer nada. Tal vez se cansaron de caminar, se cansaron de no encontrar nada. Finalmente, lo soltaron. Le dijeron. – Más vale que busques algo que valga tu vida, porque volveremos pronto.

—Encuentra las langostas gigantes y te harás rico, te haremos inmensamente rico— dijo el otro.

Ambos se marcharon despreocupados.

—Tuvimos suerte de que no nos mataron —le dijo Aarón a su perro al quitarle la soga— pero ahora tenemos que apurarnos. Esto ya no me está gustando nada. La isla se va a poner insegura. Ya es hora de irme a casa, ya aprendí demasiadas lecciones, demasiados sustos y sobresaltos.

Esa noche, durmió intranquilo pensando que alguien más pudiese llegar y descubrirlo, atacarlo, llevarlo al lugar donde estaban las tortugas. Las langostas eran muy fáciles de encontrar. Dio las gracias al Señor por tantas bendiciones recibidas, como gozar del milagro de la vida.

Como respirar, poder despertar, caminar, moverse, estar vivo finalmente.

Ese era el milagro.

La noche, sin embargo, era estrellada y se acompañaba de una luna llena brillante, tan brillante como nunca la había visto. Volvió a pensar en su familia, y le habló a la luna: —Luna, cuida de ellos, y estrellas iluminen a los seres que amo.

Envíen mis bendiciones con un aro azul y plateado que se rodee de ángeles si es posible. Y cúbranme con toda esa luz como bendición para poder salir con éxito de este lugar. Ha llegado la hora.

A veces las pausas en la vida son necesarias, a veces hay que retroceder el tiempo para ver cuáles han sido nuestros aciertos y errores en la vida, con el fin de no repetirlos, y crecer y trascender en ellos, madurar y aprender... Finalmente, la vida es un aprendizaje. El aquí y el ahora...

Si hoy me despido de la isla, lo hago de manera feliz, si es mañana o pasado también. Gracias a este lugar hoy soy una persona con mayores conocimientos y sabiduría para seguir adelante. Hoy me conozco más a mí mismo, hoy se mejor hacia donde voy, con mayor seguridad y determinación.

Aarón se quedó dormido, las mayores horas posibles, mañana será otro día.

Los días subsecuentes los dedicó a terminar la balsa, a alistar los víveres, la brújula seguía sin funcionar, o sea que, tendría que navegar por la noche y apoyándose del resplandor de luz muy lejano para no perder el destino.

Se encargó de que la balsa soportara el peso de dos personas —él y su perro— hasta que finalmente quedó lista. Sintió una gran felicidad al verla terminada. Adiós isla hermosa, listo para regresar a casa.

CAPÍTULO 7

Es momento de zarpar

Todo estaba ya listo después de tantas semanas de trabajo. La balsa estaba terminada, lo único que faltaba era tomar acción y emprender el camino rumbo a la ciudad del resplandor. Ese resplandor que lo había hecho creer que sí podría salir de esa isla, que le dio la fe de que había un lugar a donde podría llegar y que hizo que todo se estuviera volviendo realidad. Se dio cuenta que, al salir el sol, era el momento óptimo para emprender el vuelo, con mucha quietud y calma y haciendo el menor movimiento y ruidos posibles para no atraer a esas fieras marinas. Ahora no solo tendrían que cuidarse de las pirañas y los tiburones, sino de los humanos que andaban rondando la zona.

Se sentía emocionado. Estaba listo.

Listo para realizar su sueño de regreso; ese resplandor fue como su ¨luz al final del túnel¨ que lo motivó a hacer todo lo que estaba en sus manos para cumplir su sueño de estar con su familia. Y este era ya el momento para emprender el viaje rumbo a esa visualización que él había tenido. Ese objetivo a lo lejos le dio la esperanza, un rumbo para volver con su familia. Y quién podía eliminarle aquella esperanza, si es lo último que muere en el hombre, aun en sus últimos momentos de vida.

Pero aún faltaba lo más importante, era momento de tomar acción. El día en que saldría de la isla había llegado, había hecho todo lo que dependía de él para llegar a este momento.

Sin embargo, ahora surgió algo nuevo. La balsa no tenía motor, no tenía como impulsarse, ¿cómo avanzaría dentro del mar? Todo el concepto que hizo estaba perfecto, solo faltaba lo que impulsaría a esa balsa a llegar hasta la ciudad del resplandor. Debía hacer algo para moverla y llevarla en el rumbo correcto para llegar a la ciudad.

Cuando todo parecía perfecto, la balsa no podía avanzar, no había forma de iniciar el camino. Pues, sin algo que la impulsara, sería imposible llegar a la ciudad, estaría como un bote a la deriva sin un rumbo ni dirección. Aarón se sentía totalmente paralizado pues no sabía qué hacer, las posibles soluciones llegaban a su mente pero no sabía cuál era la mejor y esto lo limitaba a tomar acción y emprender el viaje.

Sin poder tomar una decisión, Aarón se sentía paralizado, se sentó a un lado de la balsa sin saber qué hacer, cuando de pronto recordó unos palos que había utilizado antes para construir su choza, en donde dormía la mayor parte del tiempo. La que lo protegía del sol, la lluvia, y los animales salvajes de la isla. Eran rígidos y fuertes, se levantó, fue corriendo por ellos sabiendo ahora lo que haría. Estaba decidido a utilizar esos palos. Les adhirió pedazos de corteza de árboles de plátano que eran muy estables y los volvió unos enormes remos que usaría para avanzar y dirigir la balsa. Esos remos serían ahora el timón de su vida, ahora estaba listo para tomar el rumbo y llegar a su destino.

Era momento de tomar acción y salir de ahí, cerró sus ojos y vio los momentos más importantes que vivió en la isla. Vio el primer momento en que descubrió el resplandor, recordó el sueño en donde vio a su familia triste, el momento en donde descubre que su ¨bandera¨ podía flotar, el dolor que le produjeron las mordidas de las pirañas y escuchó muy claro y fuerte el canto de un pájaro. El canto era tan fuerte que sentía que estaba ahí, cuando abrió sus ojos, vio a lo lejos el hermoso pájaro azul que había visto días atrás y que le había recordado del compromiso con su hija. Sonrió y se incorporó a la balsa ¨blindada¨.

Finalmente, idear los remos que lo conducirían al último puerto de destino: su hogar.

Ya dentro de la balsa se dijo a sí mismo: —Ya me marcho. Recordaré estos momentos como sagrados. Voy directo a apagar esa veladora que está en la entrada de mi casa, en donde se junta toda mi familia a rezar y pedir por mi regreso.

Esa veladora me dio la razón para poder regresar. Significa la vida, y yo estoy vivo. La cual estoy seguro es la razón por la que yo pude descubrir el resplandor que he visto durante tantas noches.

Cuántas aventuras buenas y malas dejo atrás en esta isla, sin lugar a dudas, todas eran señales que me indicaban el camino que debía seguir y la manera de cómo hacerlo.

Estas vitaminas eran esenciales para mi nuevo vivir. Ahora tengo otra actitud ante la vida. Regresooooo, regresoooooo... lo repitió una y mil veces.

CAPÍTULO 8

El Milagro

A l siguiente día, después de esperar con ansias que llegara el amanecer para preparar todo y zarpar por la tarde, se despidió y dio las gracias nuevamente a ese lugar de ensueño, lugar mágico que fue su hogar por un tiempo. En el cual vivió los peores y los mejores instantes de su vida, pero aquellos que nunca olvidaría y que cambiarían su futuro para siempre. Aquel lugar sí que le devolvía el sentido de vida. Le hubiera encantado despedirse del pájaro, tuvo la sensación de que seguramente era Dios y lo acompañaría en su nueva aventura. Este lugar se va conmigo, me lo llevo en el corazón.

Después de dos días en el mar, remaba y dirigía la balsa rumbo a la ciudad del resplandor. En el mar la brújula funcionó mágicamente, y así era más fácil además de ver la luz en el horizonte. Tampoco olvidaría nunca a ese muchacho de nombre Luis, quien lo ayudo tanto con la brújula, el botiquín y las latas, de manera clandestina.

Como le hubiera gustado despedirse de él, darle las gracias y desearle que siguiera con su trabajo, de manera honesta y con mayor futuro. ¿Tendría algunos estudios? Era joven o sea que aún era tiempo para él. Recapacitó.

La vida está llena de sorpresas, a lo mejor algún día lo vuelvo a encontrar y lo ayudo económicamente a que estudie una carrera y cambie de destino. —Luis se lo merece —pensó —es una buena persona.

Aarón y el perro Tom navegaron felizmente y sin miedo a las adversidades.

El perro se mostraba inquieto, pero no podía reaccionar, tenía hambre y sed, ladró un par de veces antes de que Aarón viera tierra firme, el cielo estaba abierto, esplendoroso, algunas montañas se dibujaban a lo lejos. Al acercarse la pequeña embarcación se vislumbró con claridad el resplandor de una ciudad a las orillas del mar.

Estaba emocionadísimo, se hincó como pudo y empezó a darle las gracias a Dios de haber logrado llevarlo hasta ahí. Llegó hasta un lugar en donde podía bajarse con seguridad de la balsa, tumbado sin fuerzas de un trayecto muy difícil. Caminaron como pudieron hasta la orilla de la playa y vio que venían varias personas corriendo para ayudarlo. Pero en el momento en que pisó la arena se derrumbó, cayó al piso desmayado, su pecho dejó de latir por unos instantes, pero su perro nunca lo abandonó, lamía su cara y le empujaba el estómago con sus patas, estaba a su lado izquierdo, había resistido todo el camino.

De un momento a otro, comenzó a sentir golpes en el pecho, como si le estuvieran saltando encima de su cuerpo, no sabía qué era lo que pasaba, pensó escuchar un par de cachetadas, no supo en realidad lo que era, pero lo despertaron.

Despertó en su casa, en su cama y con sus hijos saltando sobre él para levantarlo, comenzó a llorar de alegría. Buscó a Tom, pero ya no estaba.

Se había marchado.

Entonces comprendió que todo había sido un sueño y Tom un ángel guardián que lo acompañó para que no perdiera la fuerza. También se despidió de Tom y agradeció su compañía. —Vete en paz Tom, y encuentra ahora a otra persona necesitada para orientar su camino. Comprendió que los ángeles sí existen, y están con nosotros cuando los llamamos, a veces, sin ni siquiera llamarlos, llegan solitos.

Debemos reconocerlos, a veces son personas, a veces son acciones.

Abrazó a sus hijos les dijo cuanto los quería y salió de la cama corriendo a buscar a su esposa. Gritando le dijo —¡Nos escuchó!, ¡Nos escuchó! —a lo que ella le respondió —¨Quién, ¿de qué me estás hablando amor?

Cálmate, estas sudando. —Dios nos escuchó, el milagro se dio. Fue directo a uno de los cuartos, paso por la mesa de la entrada en donde él había visto la veladora y aún estaba ahí prendida, desde la noche anterior. Siguió su camino, sacó una hoja en blanco y comenzó a escribir.

Llegó su esposa corriendo y le preguntó con ansia: —¿Qué pasa, a qué te refieres con que si nos escuchó Dios y que el milagro se ha dado? Aarón siguió escribiendo sin voltear a verla, después de unos segundos terminó de escribir, volteó a ver a su esposa, le dijo:

En mi sueño Dios me regaló 7 principios para Triunfar.

En ese momento, Aarón volteó la hoja y se la enseñó. En la hoja, se podía leer lo siguiente;

Actúa y C.R.E.C.E.S...

Acción

Creencias

Razones

Enfoque

Compromiso

Entusiasmo

Seguridad

—¿Qué significa esto? —preguntó la esposa a Aarón. Él, con mucha seguridad, respondió. —Es lo que necesito para salir adelante, esas 7 palabras juntas me ayudarán a lograr los sueños y objetivos que siempre hemos querido. —No entiendo, le dijo María Clara.

—Mira, te voy a explicar, comenta Aarón.

Después de que nos dormimos, yo desperté en una isla desierta en algún lugar de este mundo. Mi sueño era tan real, que podía sentir cada uno de mis sentimientos y sensaciones, lloraba con el mismo dolor como el que he sentido toda mi vida cuando lloro.

Te prometo que era tan real que sé que es el milagro que tanto pedimos anoche. En un principio, no sabía qué hacer, pasaron algunos días y yo en lo único que pensaba era cuándo moriría, pues creía que no saldría de ahí nunca. Reconozco que antes del sueño quería morirme, estaba agotado ya de vivir, cansado.

Hasta que una noche, vi un resplandor que cambió mi creencia de que no podría salir de esa isla jamás. Desde ese momento sabía que sí era posible, que al cambiar mi creencia mi vida cambiaría. Cambié yo y cambiaron mis circunstancias. De ahí el primer principio: "CREENCIAS" y el primer regalo que obtuve en este sueño tan real. Para lograr lo que quiero, debo cambiar mis creencias limitantes por creencias positivas. Enfocar mi pensamiento hacia el éxito, decretar a mí mismo que puedo lograrlo y soñar que ya lo logré.

El sueño ayuda a lograr cualquier anhelo. Hay que creer y tener fe en nosotros mismos y en que va a suceder. Si crees que sucederá, sucederá.

Después, pasaron varios días y nadie se acercaba a la isla y yo no hacía nada verdaderamente importante para que me vieran, pero una noche al dormir, en mi sueño regresé a la casa, vi como ustedes estaban destrozados porque yo no estaba físicamente con ustedes y porque no sabían que había sido de mí.

El verlos así me dio una razón muy fuerte para seguir luchando y hacer todo lo posible por regresar con ustedes.

En ese momento recibí el segundo principio: "RAZONES". Debo encontrar razones fuertes para lograr lo que quiero, para salir adelante y dejar atrás esta situación por la que hemos estado pasando.

Gracias a ese sueño, yo me impulsé e hice todo mejor, fogatas más grandes, una bandera de hojas de palmera, muchísimo más. Mi esfuerzo se vio plasmado en todas y cada una de mis acciones. Sin embargo, no dependía de mí que pasara un barco cerca para que pudiera rescatarme. Mi ánimo decaía pues estaba esperando y esperando que un barco pasara cerca y viera mis fogatas. Y de pronto, un aire fuertísimo derrumbó mi bandera, la tiró al agua. Sentí una sensación de desesperación y agonía.

Encontré a mi ángel guardián que me cuidó día y noche, y una vez sentí una desesperación horrible porque lo perdí. Pero regresó a mí y hoy sé que nunca nos abandonan. Ellos están cuando los necesitas. Fue tan real.

Pasé por mil desafíos que creé en mi mente como accidentes, ataques de pirañas, el encuentro con pescadores en la isla y tantas otras cosas para re encontrarme. Qué sabia es la mente, de cuántas cosas nos ayudamos para buscar las respuestas que necesitamos en nuestras vidas.

Después hubo un cambio en mí. Encontré mi tercer principio: "ENFOQUE", pues ese día me di cuenta de que las hojas de la palmera con la cual yo había hecho la bandera eran capaces de flotar y soportar mi peso. Fue ahí donde me di cuenta que no era necesario esperar, que todo dependía de mí, simplemente que me estaba enfocando en esperar a que llegaran los acontecimientos en vez de yo crearlos. Y de ahí entendí que el enfoque que le damos a las cosas nos cambia el rumbo y por lo tanto nos puede cambiar la vida.

Las metas que nos ponemos nos dan un rumbo y un enfoque para llegar a un lugar específico. Al cambiar mi enfoque decidí crear una balsa más estable y segura para salir de ahí, y dejar de esperar a que algo sucediera. Salió mi alma de ingeniero de niño.

Los recuerdos de mi infancia me fortalecieron. Rescatar a tu niño interno es importante. Volver a tu esencia. Conseguí una brújula para poder seguir el rumbo. Otro ángel se me acercó y me ayudo nuevamente.

Una noche mientras dormía, nuevamente regresé a la casa, esta vez pude ver a Elena en su cuarto y pude hablar con ella y, sintiendo su dolor por no estar con ella, le hice una promesa y me comprometí con ella a que regresaría y que nada me detendría.

Al despertar ese día trabajé mucho más duro. Pero no fue hasta después de algunos días, cuando estaba a punto de rendirme, que me encontré a un pajarito azul como aquel que tanto cuida y quiere Elena. Me di cuenta de que con ese sueño venía como cadenita a mi mente otro principio más: el "COMPROMISO".

El compromiso que hice con ella me hizo no desistir en los momentos difíciles. Entendí que el hacer compromisos nos hace más fuertes y nos crea un vínculo con otras personas para tener que rendir cuentas de alguna forma y no ser solo nosotros quienes decidimos si seguimos o avanzamos. Ese compromiso te hace avanzar y no darte por vencido, pues hay alguien más que sabe que te has comprometido a lograr una meta. Sin embargo, el mayor compromiso no lo tienes con otros, lo tienes contigo mismo.

Comprométete. Sé una persona comprometida con lo que hagas, me dije a mi mismo. Recordé mi colección de carritos, barcos y aviones para armar que hace tiempo tiré porque me faltaba espacio y tenía que trabajar. Mientras armaba esa balsa recordé lo que me encantaba armar vehículos, al armar esa balsa sentía como si estuviera jugando, y mi entusiasmo por terminarla era impresionante, realmente lo estaba disfrutando, recordé cuanto me apasiona hacer lo que me gusta. Hoy decido volver a tener una colección de barcos armables y jugar en mis tiempos libres, para nunca olvidar el niño que fui. Y esta fue una lección más, el quinto principio: "ENTUSIASMO".

El entusiasmo apareció ese día y me dio a entender la importancia de hacer las cosas con entusiasmo, pues nos pone en un estado de ánimo óptimo para avanzar más rápido, disfrutar de la vida y lograr lo que queremos. De ahí la famosa frase que me encanta: "La felicidad no es un destino, es una forma de caminar". Disfrutemos con entusiasmo cada momento.

Y cuando todo parecía perfecto, me entró un miedo increíble, varias pirañas me atacaron y me hicieron ver los peligros a los que me enfrentaría en el camino. Ese miedo me invadió tan fuerte que me paralizó por algunos días. También el miedo a los humanos, hombres desconocidos que llegaban a la isla y se iban simbolizaron el miedo al rechazo, hacia otras personas, a que me hagan daño.

Cuando recordé el compromiso que había hecho con Elena, agarré mucha fuerza, y le construí a la balsa un caparazón de seguridad, para que nada pudiera entrar a la balsa durante mi camino y eso me dio una inmensa seguridad para avanzar y seguir adelante. Al ver mi balsa protegida, entendí que el sexto principio había llegado: "SEGURIDAD". Si no confío en que las cosas van a salir bien, si no me preparo bien para los momentos difíciles, si no confío en mí mismo, difícilmente voy a lograr mis metas y mis sueños.

Para lograr lo que quiero, requiero seguridad en mí mismo, y eso me hará dar un paso adelante rumbo a lo que quiero lograr.

La confianza en uno mismo es vital.

Ya todo estaba listo, todo el trabajo y todos los sueños estaban a punto de llegar. Y era momento de hacer que las cosas sucedieran, era momento de tomar acción, así es el séptimo principio: "ACCIÓN". Si no actuaba y comenzaba a remar, nada de lo que había planeado se volvería realidad. Jamás llegaría a donde quería llegar, a esa ciudad de donde salía un resplandor y que me había dado la fe de que yo podría salir de ahí y estar con ustedes. Entontes inicié mi camino a la ciudad del resplandor. —¿Adónde?, le interrumpió su esposa. – A la ciudad del resplandor, le dije.

Así fue como yo nombré a ese objetivo que me dio la certeza de que yo lograría mi meta de estar con ustedes.

Cuando Aarón volcó sus ojos hacia arriba y miró a María Clara, ella estaba llorando con la historia que le estaba contando. Con voz entrecortada, su esposa le pregunta, —¿Aarón, qué es lo primero que vas a hacer para salir adelante y lograr tu sueño? Aarón bajó su mirada y alcanzó a ver que detrás de las piernas de su esposa estaba su pequeña hija Elena. La miró, él le sonrió, ella también, y respondió a la pregunta de su esposa. —Lo primero que voy a hacer hoy, es darle un abrazo mágico a esta niña preciosa que está detrás de ti. También otro a la esposa maravillosa y comprensiva que tengo. Amor, gracias por estar siempre conmigo.

Se abrazaron.

Abrazó también muy fuerte a su hija, la estrechó en sus brazos, llegaron sus otros dos hijos y también los abrazó y les dijo cuánto los amaba. Mientras los estaba abrazando les preguntó —¿Quieren que les diga un secreto? Y a qué niño no le gustan los secretos.

Por supuesto que todos respondieron con un ¨SÍ¨ de ansiedad por conocer el secreto. Primero que nada, les pido perdón porque he estado un poco alejado de ustedes en los últimos días o temporada de mi vida, estresado por asuntos del trabajo, evasivo.

Ahora tengo el compromiso de buscar el mayor tiempo y cercanía con mi familia. Son mi sentido e inspiración. ¡No sé qué haría sin ustedes! —Te amamos papá, dijo uno de los niños. No lo dudes nunca.

Aarón les dijo: —Escuchen muy bien lo que les voy a compartir, esto es el milagro que Dios ha hecho por mí y se los comparto para que ustedes se lo compartan a todo el mundo.

Anoche me compartieron un regalo, fue un regalo de vida maravilloso. Ha cambiado mi perspectiva y a partir de hoy cambiará mi vida totalmente. La de ustedes seguramente también.

Yo creo que Dios me transmitió los siete principios para triunfar, y también me hizo responsable de compartirlo con los demás.

C.reencias, R.azones, E.nfoque, C.ompromiso, E.ntusiasmo, S.eguridad y A.cción.

Este regalo ya no es un secreto, hoy se convierte en mi clave para triunfar:

Actúa y C.R.E.C.E.S. ...

El corazón y el amor son desde luego la fuerza vital para completar todos y cada uno de los principios anteriores y empoderar las acciones. Esta es la vida, buscar para crecer, crecer y trascender.

Con el amor incondicional hacia uno mismo y a los demás, puede uno derribar cualquier muralla, vencer cualquier batalla y desafiar hasta lo invencible para estar bien. Puede uno ver que no existen los imposibles, en el sueño de cada uno existe la posibilidad de lograr todo, creer que lo podemos hacer. Confía en que puedes logar todo, absolutamente todo.

Así comparto estos principios, con el fin de que, en algún lugar o rincón del planeta, o del universo, existan seres humanos con ganas de mejorar su calidad de vida como personas y quieran enfocarse a retomar y seguir el camino correcto...

Con que un lector interesado lo lea, lo vibre y lo crea, o dos, o tres.... Daré por cumplida mi misión.

Acerca del autor

Ricardo Garza ha sido nombrado uno de los tres coaches más populares en México, y nominado al Mejor Conferencista Motivációnal 2016 en temas de Negocios por la ACH.

Autor del libro #1 Best Seller en Amazon *"El SPA de la Ventas"*, cuenta ya con más de 6.000 horas de coaching a dueños de negocio y conferencias motivando e inspirando a personas y organizaciones a cambiar su mentalidad para aumentar su Éxito.

Es el creador del destacado Podcast *"Aumenta tu Éxito"* logrando los primeros lugares a nivel mundial en el segundo mes de lanzamiento con más de 1.500.000 escuchas. Es un apasionado en apoyar a las personas a lograr ser la mejor versión de sí mismas. Conocido también como Ricky Garza, ha recorrido muchas ciudades y países inspirando y motivando a las personas a lograr sus metas. Conoce más de él en: www.coachricardogarza.com.

Made in the USA
Columbia, SC
12 July 2024

38351625R00063